W0244481

Je deviens l'artiste de ma vie !

Éditions Eyrolles
61, bd Saint-Germain
75240 Paris Cedex 05
www.editions-eyrolles.com

Cet ouvrage est dirigé par Anne Ghesquière, fondatrice du magazine FemininBio, auteure, éditrice et créatrice du podcast Métamorphorse qui éveille la conscience !

Mise en pages : Sophie Charbonnel
Correction : France Facquer
Relecture : Christel Desmaris

ISBN : 978-2-416-00504-6

ISABELLE LAYER
Ouvrage dirigé par Anne Ghesquière

Je deviens l'artiste de ma vie !

Les 12 étapes clés
pour déplacer
des montagnes et
réaliser ses rêves

Éditions
EYROLLES

Remerciements

Un merci infini pour leur contribution aux talentueux artistes de leur vie :

Laurent Gounelle
Philippe Geluck
Eddy de Pretto
Éric-Emmanuel Schmitt
Pascal Légitimus
La Bajon
Jarry
Marianne James
Natalie Dessay
Alain Chamfort
Abd al Malik
Philippe Croizon
Laurent Ruquier
Caroline Loeb
Daniel Lévi

Et aux « artistes de ma vie » : mes amis que j'aime tant, et toutes les personnes qui, en réalisant leurs rêves, nous prouvent que c'est possible !

Préface de Laurent Gounelle

L'être humain est un être d'habitudes. Elles commencent à s'esquisser puis s'inscrire en nous dès notre plus jeune âge : l'éducation reçue et notre vécu dans l'enfance orientent notre esprit et engendrent progressivement une forme de conditionnement de notre mode de pensée et de nos comportements.

Un peu plus tard, nous sommes encore très jeunes lorsque nous devons choisir une orientation professionnelle, avec parfois, là aussi, l'influence du cadre familial. Puis nous nous retrouvons adultes, propulsés sur l'orbite de la vie, sans avoir vraiment conscience de ce qui nous fait tourner.

Il n'est pas rare de ressentir alors certaines frustrations, le sentiment de ne pas vivre tout à fait la vie à laquelle on aspirerait si l'on pouvait repartir à zéro. Seulement voilà : on s'accommode de tout, même des insatisfactions. Certes, cela peut s'apparenter à une forme de sagesse, sans doute préférable à une fuite en avant dans la quête d'un idéal chimérique. Mais la plupart du temps, c'est plus une résignation qu'une acceptation en conscience.

La vie nous semble juste plus fade qu'espérée, et nous pouvons nous en contenter. Certains s'habituent au désenchantement, tout comme ils s'habituent à leurs problèmes, voire à leurs souffrances. Ils s'en accommodent et, petit à petit, la vie perd de sa saveur.

À cette tendance très humaine de l'habitude s'ajoute celle, très forte aussi, de la peur de l'inconnu et de la nouveauté, qui pousse à l'inaction, au *statu quo*. Combien de thérapeutes m'ont confié que nombre de leurs patients préféraient une situation douloureuse mais familière à une situation prometteuse mais inconnue ? L'être humain a une profonde aversion à l'égard du changement, même s'il clame souvent le contraire. On le voit en politique : on réclame haut et fort un changement de société… à condition que ça ne change pas notre vie de tous les jours !

L'effet cumulé d'un esprit forgé par l'habitude et la peur du changement peuvent donc facilement pousser à se contenter d'une vie insatisfaisante. C'est ignorer la capacité formidable que nous avons d'apprendre et d'évoluer.

Quand j'étais petit, je croyais qu'apprendre était réservé à l'enfance et à l'adolescence et qu'une fois adulte, je cesserais d'apprendre pour me consacrer à la mise en œuvre de mes acquis. Je voyais ces années d'apprentissage comme une préparation à la vie, comme si la vie ne commencerait pour moi qu'à la fin de mes études. Et là, seulement, pourrais-je jouir du fruit de mes efforts passés. J'avais tout faux mais ne le savais pas. La vérité est à l'opposé : vivre, c'est apprendre, et apprendre, c'est vivre.

Et ce que j'ai compris, une fois adulte, c'est qu'apprendre et évoluer est aussi une grande source de bonheur. Apprendre à changer notre regard sur nous, sur nos capacités, sur le monde qui nous entoure, apprendre à penser différemment, à changer nos habitudes, et nous réapproprier notre vie pour qu'elle devienne plus conforme à nos aspirations profondes, à nos valeurs, à qui nous sommes… Et c'est là que la joie se répand sur nos existences comme une poignée de graines semées à la volée sur une terre fertile.

Le livre d'Isabelle Layer, en grande partie fondé sur son expérience personnelle, secoue nos habitudes et nos peurs comme on agiterait une bouteille de champagne pour en faire exploser le bouchon.

C'est une invitation à réagir, à se réapproprier ses rêves oubliés, à raviver la flamme qui nous porte vers l'accomplissement de notre destin. C'est un livre simple, positif, qui donne furieusement envie de prendre sa vie en main !

Laurent Gounelle

Sommaire

Introduction

Croire en mes rêves a changé ma vie. Ce n'est pas une formule, c'est la pure vérité !

Quand **j'étais petite**, la vie n'était pas très fun. Non pas que j'aie été maltraitée ou que j'aie vécu dans des conditions de grande pauvreté, mais je me sentais **incomprise, différente, seule, perdue**.

Certes, j'ai grandi dans une famille où l'amour ne s'exprimait pas, avec des parents plus occupés à se déchirer et à tenter de joindre les deux bouts qu'à prendre soin de leurs enfants. Ça n'aide pas dans l'absolu, mais finalement ça m'a poussée à **chercher des ressources ailleurs**. Question de survie.

C'est là que mes **rêves** sont apparus comme un **phare à l'horizon** : « Quand je serai grande, je serai heureuse ! Quand je serai grande, je ferai ce que je veux, je vivrai dans la joie, le plaisir, le partage. Je serai artiste, journaliste, conférencière, je ferai de la télévision, j'écrirai un livre, je vivrai entourée d'amour et de belles personnes… Quand je serai grande, rien ne me limitera, tout sera possible ! »

Je me suis donc accrochée à mes rêves. Ils m'offraient un **avenir merveilleux** ! Et ils m'ont surtout transmis une énergie et une force si puissantes que, petit à petit, j'ai commencé à **déplacer des montagnes** !

Les conditions extérieures n'avaient plus de prise sur moi. J'avais dorénavant un but, répondant aux **aspirations essentielles de mon âme et de mon cœur**, et dont personne n'aurait pu me détourner. C'est d'ailleurs un de mes points communs avec de nombreux artistes et personnalités dont certains m'ont fait l'amitié de partager, dans ce livre, leurs témoignages ou ressentis inspirants que vous trouverez en début de chaque chapitre.

C'est ainsi que je me suis mise en chemin, travaillant comme une acharnée et devenant, petit à petit, **l'artiste de ma vie** ! Mes rêves m'insufflaient une telle énergie que j'y allais avec une gourmandise dévorante : tester, se tromper, retenter, avancer d'un pas, s'enthousiasmer, apprendre, tomber, se redresser, recommencer… encore et encore.

Ça en a mis du temps, et ce n'est jamais fini car c'est le chemin d'une vie. Mais ces expérimentations m'ont permis de découvrir les clés de la réussite et surtout de la réalisation personnelle, car c'est pour **être heureux** que l'on fait tout cela, n'est-ce pas ?

La bonne nouvelle, c'est que ces clés qui permettent d'atteindre nos objectifs et nos rêves sont simples et à la portée de tous. Ce serait un vrai gâchis de ne pas les partager ! J'ai donc décidé de vous les transmettre. C'est bien connu, quand on est heureux, on a envie que les autres le soient aussi !

Voilà plus de vingt ans que je les expérimente et je peux vous dire que chaque clé est d'une puissance insoupçonnée. Mettez-les en pratique et, vous aussi, vous **déplacerez des**

montagnes et **réalisez vos rêves**. C'est ce que je vous souhaite du plus profond de mon cœur !

Alors bon voyage à la rencontre du plus grand artiste de votre vie : vous !

Je serai votre guide, et j'en suis très honorée !

Isabelle Layer

Faites le point sur vos besoins, vos envies et vos rêves

« Le seul secret, c'est la passion, l'envie de partager les choses. »
Philippe Geluck

J'ai hâte d'avancer avec vous dans la grande aventure de la réalisation personnelle et de partager les clés essentielles pour devenir l'artiste de votre vie ! J'aime tant voir les personnes déployer leurs ailes et prendre leur envol !

Avant cela, je vous propose de faire un point sur votre situation, à travers deux exercices. Ceux-ci vous permettront de mettre en lumière d'éventuels déséquilibres dans votre vie mais également de vous (re)connecter à ce qui vous anime profondément.

En effet, on ne peut pas agir sur ce dont on n'a pas conscience. Si quelque chose ne vous va pas ou vous empêche d'avancer mais qu'à cause de vos croyances ou de vos émotions vous l'ignorez, vous risquez de tourner en rond longtemps !

Je me rappelle un de mes tout premiers coachings : une jeune femme convaincue que rien n'allait dans son existence. Après avoir passé ensemble en revue ses différents domaines de vie, elle s'est rendu compte que tout allait plutôt bien et que le seul point problématique – qui noircissait l'entièreté du tableau – était la relation toxique avec son ex. Ce déclic lui a donné la force d'agir. Une fois le souci réglé, elle a pu se concentrer sur ses objectifs et a littéralement transformé sa vie !

Il n'est évidemment pas toujours simple d'avoir un regard clair sur notre situation. On court dans tous les sens, on n'a le temps de rien ou on est tellement préoccupé par le quotidien qu'il nous devient impossible de prendre du recul… jusqu'à ne plus savoir ce que l'on veut.

Ces deux exercices sont donc là pour vous aider à regarder au bon endroit et à ouvrir votre champ des possibles, ce que nous développerons bien sûr à travers chaque chapitre de ce livre.

Posez-vous tranquillement et prenez le temps d'y répondre en toute honnêteté. C'est entre vous et vous, vous n'avez rien à prouver. C'est un réel cadeau que vous vous faites. Donc plus vous serez sincère, mieux vous comprendrez où vous avez besoin d'agir pour faire évoluer votre vie de la manière qui vous convient le mieux.

Notez qu'il est important que vous répondiez par écrit, car c'est la façon la plus impactante de prendre conscience de votre situation.

Bien sûr, vous n'êtes absolument pas obligé de montrer les réponses à qui que ce soit. Vous pouvez même y répondre sur une feuille à part, dont vous ferez ce que vous voudrez par la suite. Rappelez-vous toujours que c'est pour vous que vous faites tout ça et qu'il n'y a qu'une et une seule façon de changer les choses : agir !

Si vous avez ce livre en main, c'est que vous avez de jolies ambitions pour vous et votre bonheur. Je vous en félicite !

La vie est courte, pas de temps à perdre : c'est à vous de jouer !

EXERCICE

La roue de la vie

La roue de la vie vous permet de voir d'un coup d'œil où, dans votre existence, se trouvent les déséquilibres. Il existe de nombreux modèles de roues de la vie. Ils comportent des différences mais ils se rejoignent tous au fond.

Les huit quartiers de cette roue correspondent chacun à un domaine de vie essentiel : vie professionnelle, vie intellectuelle, vie spirituelle/contribution au monde, vie financière, santé physique, vie sociale, vie familiale, intimité.

Voici deux exemples de roues de la vie : une non harmonieuse et une harmonieuse.

Exemple de roue de la vie non harmonieuse

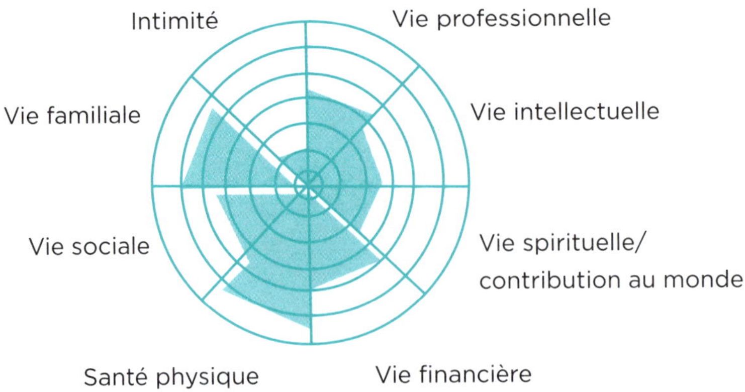

Exemple de roue de la vie harmonieuse

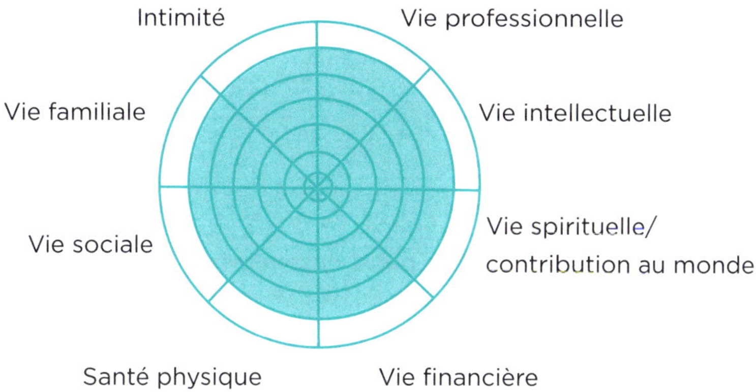

✦ **À vous maintenant de compléter votre propre roue de la vie :** complétez votre roue et évaluez de 1 à 7 chacun de vos domaines de vie, 1 étant une situation très peu épanouissante et 7 étant la meilleure qui puisse être. Remplissez ensuite, pour chaque domaine et en partant du centre, le nombre de cases correspondant à votre situation actuelle.

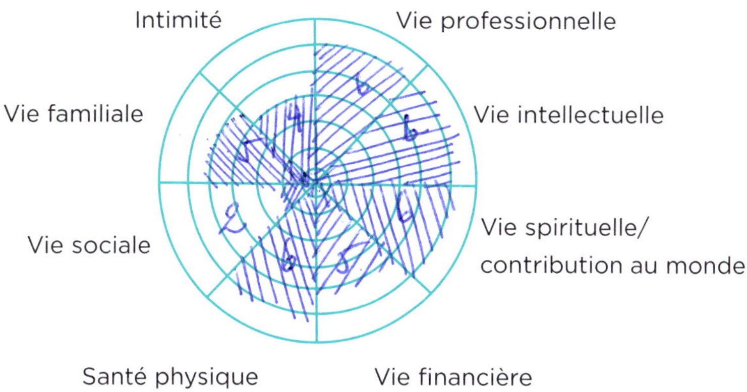

✦ Observez le résultat final. Prenez-vous conscience de certains déséquilibres dans votre vie ? Et si oui, lesquels ?

intimité

vie sociale

vie familiale

vie financière

✦ Réfléchissez à quels petits changements vous pourriez procéder pour que chaque point faible de votre roue augmente simplement d'un niveau.

Faire + l'amour

Sortir +

Faire + de choses en famille. Calmer les angoisses de Camille

gagner + ou dépenser -

Mettez ces changements en action l'un après l'autre dès aujourd'hui en les incluant concrètement dans votre quotidien. Ainsi, vous verrez rapidement les résultats de vos actions !

EXERCICE

Entre vous et vous

Voici quelques questions auxquelles je vous demande de répondre avec beaucoup d'implication et de sincérité. Elles sont importantes car elles vont vous aider à clarifier votre relation à vous-même.

✦ Avez-vous déjà entendu une petite voix dans votre tête qui vous disait « Fais ceci » ou au contraire « Non, ne fais pas cela » ?
Si oui, rappelez-vous les situations vécues (que vous ayez suivi cette voix ou pas) et notez-les. De quoi voulait-elle vous avertir ?"

Pour le ménage fais ça" Devoir à faire sinon maison sale → mal être en moi
Pour acheter un sac ou le tenant
↳ manque d'argent → mal être
acheter → je sentir mieux

Si vous n'avez jamais entendu cette voix, peut-être se traduit-elle chez vous par une sensation, un sentiment, une intuition. Quel que soit son mode d'expression, essayez dorénavant d'y être plus attentif. Laissez-la exprimer le message qu'elle a à vous transmettre.

Moi → Remarques → douleurs à l'estomac → Je ne digère pas sa remarque.

✦ Réfléchissez aux signaux, sensations, douleurs que votre corps vous envoie. Cherchez le message qu'il tente de vous transmettre à travers ces alertes (par exemple : mal de dos car on en a « plein le dos », douleurs au ventre chaque fois que l'on voit une personne car elle nous est néfaste, gros manque d'énergie pour certaines tâches car nous n'y trouvons pas de sens…).

Cherchez en profondeur, vraiment, en fonction d'une situation ou d'une problématique que vous vivez ou que vous avez précédemment vécue. Notez tous les souvenirs qui vous viennent à l'esprit et trouvez ce qui les relie.

Peur → Injustice → blessure tristesse/déception – Envie de partir, de changer de boulot !! ils ne me méritent pas ! « Pas envie de me remettre en question... maux d'estomacs (brûlures)... idem qu'à CEB Californie Nicole.

Si vous ne trouvez pas les réponses à ce stade, restez attentif aux signaux de votre corps, ils délivreront leurs messages au fur et à mesure de votre évolution et de vos prises de conscience.

✦ Souvenez-vous de ce qui vous faisait profondément vibrer quand vous étiez enfant ou adolescent. À quoi pouviez-vous vous adonner pendant des heures, sans voir le temps passer ? Dessiner, créer des intérieurs de maison.
Et est-ce encore le cas pour des activités que vous avez aujourd'hui ? Si oui, lesquelles ?

Non...

....

....

....

✦ Souvenez-vous, plus tard, de l'occupation (travail et/ou loisir) qui vous a le plus plu dans votre vie : celle dans laquelle vous avez profondément vibré, où vous vous sentiez joyeux, en accord avec vous-même et où vous aviez la sensation d'exprimer vos talents et d'exister pleinement.

Est-ce arrivé dans une seule activité ou dans plusieurs ? Décrivez-les.

architecture – (souffrance de ne pas y aller tout le temps)
astrologie –
aller au cinéma, lire, musée – théâtre – danse –

✦ De même, qu'avez-vous toujours rêvé de faire sans vous être jamais lancé, par peur, ou en vous trouvant des excuses comme « Quand j'aurai ceci » ou « Quand je serai cela » ?

Je rêve d'avoir des dons, facultés extra-sensorielles pour communiquer avec l'invisible et pouvoir guider les gens et me guider –

✦ Y a-t-il des personnes de votre entourage ou que vous rencontrez parfois dont vous enviez la vie ? Si oui, que trouvez-vous de si enviable dans leur existence ? Expliquez en détail.

Certains pour leur biens matériels – maison + voiture + famille qui je pense unie, calme et paisible.
D'autres en contact avec le monde des esprits – (chaman)

• En rapport avec la question précédente, qu'est-ce qui vous empêche d'obtenir les mêmes résultats que ces personnes ?

La volonté, l'argent –

• Pourquoi n'avez-vous pas fait cette démarche jusqu'ici ? Ou si vous avez tenté, qu'est-ce qui n'a pas fonctionné et pourquoi selon vous ?

l'argent. Je n'en ai pas assez.
Volonté ?

• Que devriez-vous faire, apprendre ou développer pour y accéder cette fois ?

Faire appel à des personnes ext. pour m'aider

✦ Que rêveriez-vous de faire si vous étiez absolument assuré de réussir à tous les niveaux, sans le moindre risque d'échec, en ayant tout l'argent nécessaire, en étant en sécurité totale et soutenu par tout votre entourage, sans la moindre exception ?

Construire notre maison.
m'installer comme voyante médium/astrologue
numérologue, travailler sur les énergies
Communiquer avec le monde des esprits.

✦ Enfin, qu'est-ce que, faisant le bilan à la fin de votre vie, vous seriez profondément heureux d'avoir accompli ? Il faut savoir que, sur leur lit de mort, peu de personnes parlent de fortune ou de gloire. Non, elles parlent d'amour, l'amour qui les a accompagnées et qu'elles ont partagé tout au long de leur chemin, sous quelque forme que ce soit. Ou elles évoquent, avec regret, l'amour qu'elles n'ont pas réussi à exprimer. Elles parlent aussi de dépassement de soi, de rêves qu'elles ont réalisés ou, au contraire, qu'elles n'ont jamais eu le courage de tenter… À votre tour à présent : à l'heure de votre dernier souffle, qu'aimeriez-vous, au plus profond de votre cœur et de votre âme, être fier d'avoir accompli dans votre vie ?

avoir accompagné et aidé mes enfants jusqu'au bout… les avoir aimé

……………………………………………………………

……………………………………………………………

Les réponses à toutes ces questions vont vous aider à vous reconnecter à ce qui vous fait profondément vibrer, ce qui anime votre être intérieur. C'est par là qu'il a besoin de s'exprimer et c'est là que vous vous relierez avec le sens que vous voulez donner à votre vie.

✦ Ainsi, quelles conclusions tirez-vous de cette première série de questions ?

L'important pour moi réside dans la construction de mon foyer, de ma famille pour ma famille mes enfants. La maison en fait partie. Ma vie spirituelle est importante.

CLÉ N° 1

(Re)connectez-vous à vous-même

« La question est : comment retourner nos propres bizarreries, nos étrangetés pour les transformer en positif ? Ma solution a été de me les réapproprier pour en faire un pouvoir et être fier de mes différences. »
Eddy de Pretto, auteur-compositeur-interprète

Se (re)connecter à soi, tout un programme !
Et pourtant, ce n'est pas si compliqué. Cela revient à **se réapproprier sa raison d'être**. Et notre raison d'être, nous l'avons tous au fond de nous. Elle est là et elle ne demande qu'à s'exprimer. C'est d'ailleurs un besoin profond chez chacun d'entre nous.

Malheureusement, les conditionnements de nos éducateurs, de la société, des médias et nos propres croyances nous ont fait dévier vers un monde où règnent la logique (enfin, une certaine logique) et le calcul. Un monde où ce n'est plus l'être qui est au centre des préoccupations, mais surtout le regard de l'autre, et donc le paraître. C'est le règne de l'ego.

L'ego va vous pousser à rêver de gloire, de fortune, de réussite aux yeux du monde. Mais il ne vous dirigera pas forcément vers ce qui vous correspond au plus profond de vous.

Combien de riches hommes d'affaires ou de stars adulées, qui semblent avoir tout ce dont on peut rêver, sont malheureux, voire en dépression ? Bien plus que l'on ne pense ! Leur ego brille, mais cela ne nourrit pas leur cœur appauvri qui, contrairement aux apparences, connaît le désarroi le plus profond !

Souvenez-vous de Marilyn Monroe, la star la plus adorée de son époque. Elle a passé son temps à s'autodétruire, alors que l'on aurait pu penser que tant de réussite, de gloire, d'amour du public auraient pu combler ses besoins et ses manques. Bien sûr que non, car tout cela n'est qu'apparence et ne nourrit pas l'être dans ses dimensions les plus profondes.

Car **votre ego n'est pas vous** ! Un milliardaire peut se sentir le plus grand, le plus beau, le plus fort… et tout perdre du jour au lendemain. S'il était lui-même toutes ses richesses, en les perdant, il ne serait plus rien, ce qui n'est évidemment pas le cas. Il reste un être humain.

Ainsi, votre valeur humaine ne diminue jamais en rien, quels que soient les accidents de la vie. Quoi qu'il vous arrive, vous êtes ce que vous êtes, c'est un fait ! Cela veut dire qu'il est important, si vous voulez vivre aligné et heureux, d'arrêter d'assimiler votre identité à tout ce qui est en dehors de vous.

L'ego n'est clairement pas le chemin à suivre si vous souhaitez vivre en harmonie avec vous-même. Votre chemin et votre équilibre, vous les trouverez en vous, en apprenant à être à l'écoute de votre cœur et de votre âme, c'est-à-dire de votre être profond.

Vrai. qd je n'avais pas bcp de moyens. les 3 ans. je me disais. je n'ai pas d'argent mais je suis riche de mes amis. j'étais entourée. X. à maintenant, j'ai choisi d'être "seule" sans ami. je n'ai plus d'ami véritable. j'ai perdu "ma générosité" de cœur.

Écoutez votre corps

Pour vivre en harmonie avec vous-même, **votre corps est un merveilleux allié.** Il vous parle, *via* vos émotions, et il vous indique ce qui vous va et ce qui ne vous va pas.

Vous savez quand vous êtes heureux ou triste, mais avez-vous pris l'habitude de décrypter les signaux plus subtils que votre corps vous envoie ? Les sensations, les douleurs anodines, un malaise, un petit accident, etc. sont en réalité souvent un message de l'âme à travers le corps !

Certaines personnes, réfractaires aux courants psychologiques quels qu'ils soient, vous diront que c'est juste un hasard et qu'il faut arrêter de trouver des liens là où il n'y en a pas. Cela dépasse leur entendement et il est plus facile pour eux de rejeter cette idée. C'est leur droit.

Mais la réalité est tout autre. Des exemples, je peux vous en donner des dizaines, voire des centaines que j'ai personnellement vécus ! Ils m'ont permis de confirmer qu'il existe bien des liens très forts entre ce qui vous arrive dans la vie et ce qui se passe en vous, même de manière inconsciente.

Voici une anecdote à ce sujet. Un jour, un ami qui travaille dans les ressources humaines me dit qu'il en a plus qu'assez d'entendre les gens se plaindre. Il n'en peut vraiment plus. Je le recroise le lendemain et je le retrouve avec une otite ! Je fais évidemment tout de suite le lien : il n'en peut plus d'entendre et voilà qu'il se retrouve avec un souci à l'oreille ! Quand je le lui fais remarquer, il a d'abord l'air incrédule mais il finit par admettre que cette otite ne s'est sans doute pas déclarée par hasard.

En effet, les plaintes des autres, qu'il ne supporte plus, lui arrivent par son appareil auditif qui a réagi en s'enflammant. Son corps, dans ce cas, lui signifie qu'il est temps pour lui de mettre des limites là où cela n'a pas encore été fait.

Ainsi, dans la plupart des cas (maladie, accident, rage de dents, entorse…), il s'agit d'un signal que vous envoie votre âme pour vous alerter d'une situation qui ne vous convient pas et que vous devez changer dans votre vie – que cette situation soit simple ou plus complexe.

Cela m'est arrivé personnellement aussi. Je devais jouer mon spectacle en octobre, j'en étais ravie. Mais je n'étais pas encore suffisamment entourée pour pouvoir le faire dans de bonnes conditions. Je n'avais pas trouvé de structure de production et j'aurais dû tout gérer moi-même, en plus de mes nombreuses autres activités.

J'avais déjà vécu cela précédemment : m'occuper de toute la production d'un spectacle en plus de toute la partie artistique, toute seule, dans une période assez chargée par ailleurs. Cela m'avait totalement épuisée ! Et là, je repartais sur le même mode ! Autant vous dire que ce que je m'apprêtais à faire était dangereux pour moi, surtout que je ne m'étais pas encore vraiment remise physiquement de la session précédente.

Et c'est là que mon corps s'est arrangé pour me ramener à la raison : il ne fallait pas jouer le spectacle dans une telle configuration ! J'ai commencé à avoir de terribles douleurs aux pieds. Jusqu'à ne plus pouvoir marcher ! J'ai consulté plusieurs spécialistes qui n'ont rien trouvé ! J'ai donc été obligée d'annuler le spectacle, ne sachant pas ce que j'avais et surtout si cela durerait. Heureusement, cela s'est arrangé par la suite.

Mais je dois dire qu'au moment où j'ai tout annulé, puisque mon corps ne m'en laissait pas le choix, et même si cela m'a vraiment attristée, j'ai ressenti un immense soulagement dans tout mon corps qui, lui, savait que j'avais pris la bonne décision. Ce qui m'était arrivé m'avait en réalité protégée !

Notre corps est donc un allié qu'il faut apprendre à écouter. Tout comme nos émotions. Quand nous choisissons le bon chemin, nous sommes remplis d'énergie et de joie. Au contraire, quand nous prenons une mauvaise décision pour nous, notre corps devient plus lourd, on sent une certaine tristesse, de la fatigue et des alertes physiques peuvent commencer à apparaître. Vous avez déjà remarqué ?

Si vous les ignorez, le temps passant, vous vous éloignez de votre être profond, jusqu'à ne plus savoir ce que vous voulez, voire qui vous êtes vraiment. Votre existence perd de son sens et votre joie de vivre disparaît à petit feu.

Votre corps commence alors à vous envoyer de petites alertes, anodines à la base, mais qui risquent d'aller de plus en plus loin, jusqu'à se transformer en maladie. Eh oui, dans le mot « maladie », on entend aussi le « mal a dit »… Vous pensez que c'est un hasard ?

Reconnectez-vous à vous-même et exprimez pleinement votre unicité

L'idée est donc de vous reconnecter à vous-même, à votre cœur, à ce qui vous fait vibrer au plus profond de vous, peu importe le regard des autres et les peurs qu'ils vous renvoient. Pour cela, soyez très attentif à votre corps et à vos émotions, ce sont vos meilleurs alliés.

Comme chaque être sur cette planète, vous êtes différent, de par votre personnalité, vos expériences et ce que vous pouvez apporter au monde. Et **cette différence, c'est votre richesse**.

Le mouvement général est de chercher à gommer les différences pour s'uniformiser, être comme les autres, entrer dans le rang. Or, ce sont vos différences qui font que le monde s'enrichit. Les gommer appauvrit le monde, c'est tout simplement du gâchis !

Au contraire, cultivez vos différences et exprimez-les, en toute sérénité, sans les imposer, dans le respect des autres mais aussi de vous car, oui, les effacer revient à vous renier !

C'est de là que naît la souffrance intérieure qui exprime le fait que vous marchez à côté de qui vous êtes vraiment. Il en résulte que certains passent leur temps à souffrir et que d'autres finissent par vivre comme des robots, déconnectés de leurs émotions. C'est une manière pour eux de ne pas ressentir cette souffrance, qui est un cri de l'âme implorant l'être de retrouver son juste chemin.

Ainsi, **vous reconnecter à vous-même, trouver votre voie**, celle que vous dicte votre cœur, **accomplir votre propre destin**, voilà le chemin de votre bien-être et de votre équilibre.

Pour trouver ce chemin, vous allez devoir chercher, faire face à vos freins, tenter des choses, vous tromper peut-être aussi, mais peu importe, car vous apprendrez et vous serez plus riche de ces nouvelles expériences.

Vous allez surtout devoir apprendre à développer l'écoute de vos émotions, de votre corps et des messages qu'il vous transmet, mais aussi de votre petite voix intérieure. Puis agir en fonction de ces informations, en posant les justes actions qui vous permettront de trouver l'équilibre et de respecter la personne que vous êtes – une personne qui a sa part, sa merveilleuse unicité à apporter au monde.

Et surtout, n'oubliez jamais que chaque pas dans ce sens vous rapprochera de vous-même, ce qui sera en soi et à chaque fois une belle réussite !

Bienvenue dans ce voyage passionnant, à la rencontre de vous-même.

« Soyez vous-même, les autres sont déjà pris. »
Oscar Wilde

EXERCICE

Se (re)connecter à soi

Mise en action

✦ Demandez à cinq personnes minimum de votre entourage ce qu'elles considèrent chez vous comme vos plus grands talents. Écrivez toutes les réponses ci-dessous.

....
....
....
....

✦ Ensuite, relisez-les et soulignez les trois talents les plus importants à vos yeux. Quel effet le fait de reconnaître ces trois talents, **vos talents à vous**, a-t-il sur vous ?

....

....

....

....

Un *feel good movie* inspirant

Je vous conseille de voir ou de revoir *The Truman Show*, avec Jim Carrey : l'histoire d'un homme qui se bat pour sortir du rôle que la société lui a imposé malgré lui, pour enfin trouver sa vérité personnelle.

✦ Ensuite, trouvez des liens entre votre vie et la sienne. Que vous a-t-on imposé ? Quelle serait votre vie idéale à vous ?

....

....

....

....

CLÉ N° 2

La créativité, une alliée de taille

« À 15 ans, je faisais une dépression d'adolescent, j'avais des envies suicidaires. J'avais même planifié mon suicide. Fort heureusement, une professeure de musique m'a emmené voir des répétitions d'un opéra de Mozart : Les Noces de Figaro. *Et quand j'ai entendu cette femme chanter "L'air de la comtesse", en quatre minutes, je suis revenu au monde. Je me suis dit : "S'il y a des choses aussi belles que ça, je vais rester." »*

Éric-Emmanuel Schmitt, écrivain

Connaissez-vous des personnes qui, avec un rien, créent une magnifique table de gala, customisent un vieux vêtement pour en faire une superbe tenue, qui avec deux ou trois accessoires rendent leur intérieur magique et qui savent tirer le meilleur de chaque moment ?

Ces personnes, qui ont ce talent d'ajouter de la vie à la vie, ne sont pas des extraterrestres ! Elles sont tout simplement **créatives** ! Elles abordent les événements avec une attitude positive, ludique et « orientée solution ».

Ce n'est pas qu'elles soient plus intelligentes ou plus favorisées par la vie à la base, non. C'est leur attitude face à la vie qui fait qu'elles sont ouvertes au meilleur, qu'elles pensent que tout est possible et qu'elles arrivent à imaginer puis à créer des voies et des options auxquelles d'autres ne pensent pas. Et comme par hasard, ce sont elles qui ont les vies les plus en accord avec elles-mêmes et donc les plus satisfaisantes !

Et vous ? Cela vous dirait de **cultiver ce talent**, vous aussi ?

Eh bien, la bonne nouvelle, c'est que ce talent, vous l'avez !

Oui, quand vous étiez petit, le jeu créatif a été une étape essentielle à votre développement. Il vous a permis d'exprimer vos angoisses face à une réalité extérieure qui n'était pas toujours maîtrisée. C'était le cas par exemple quand vous vous transformiez en cow-boy ou en princesse, en bandit ou en aventurière dans la cour de récré ! Vous vous rappelez ? Vous voyez que la créativité est en vous… peut-être bien cachée aujourd'hui, mais elle existe !

Et donc, comme vous l'avez déjà en vous, vous pouvez la développer à nouveau !

Comment ? Tout simplement en vous y entraînant. Pour cela, il vous sera utile de développer de la **curiosité** car elle permet de s'ouvrir aux idées nouvelles. Vous aurez également à vous reconnecter à vos émotions, vos **sensations** et vos **intuitions**. Et puis aussi, prendre suffisamment de **recul** pour vous autoriser à penser différemment, tenter des choses, peu importe que cela réussisse ou non.

Les ennemis de la créativité sont, de leur côté, le conformisme et l'obéissance extrême à l'autorité et aux règles imposées par d'autres. Autres ennemis : le pessimisme et la négativité, qui ferment toutes les voies et toute possibilité d'émergence d'idées nouvelles. Enfin, la peur d'être rejeté, de ne pas être aimé à cause de ses idées ou de comportements nouveaux ou différents peut aussi être un frein à la créativité.

Créer vous demandera donc d'ouvrir le champ des possibles, d'être curieux de ce qui peut émerger de vous quand vous vous offrez plus de liberté et d'oser l'exprimer en sachant vous détacher du résultat.

Je vous conseille de prendre tout cela comme un jeu, une aventure à la découverte des zones inexplorées de vous-même. Une façon de vous reconnecter à votre être profond, de laisser s'exprimer votre inconscient, vos émotions, vos frustrations aussi, et de vous libérer de tensions qui, autrement, resteraient bloquées en vous.

Les effets bénéfiques de la créativité sur la santé ne sont d'ailleurs plus à prouver : elle nous rend plus dynamique, serein, positif, elle réduit le stress, améliore la sensation de bien-être, rend de meilleure humeur et donc plus sociable. Elle développe également la confiance en soi, l'autonomie et la liberté. Elle améliore donc la santé psychologique et physiologique, et renforcerait même le système immunitaire. En résumé, **la créativité améliore la vie dans sa globalité**.

Les personnes créatives arrivent à imaginer des voies différentes de celles qu'elles connaissent déjà, et trouvent souvent des solutions à des problèmes de façon originale et astucieuse. Ceci leur permet de ne pas rester coincées dans des situations qui ne leur conviennent pas et de se créer une vie dans laquelle elles ont la liberté et le bonheur de s'épanouir pleinement.

C'est ainsi que de plus en plus de thérapies et de techniques de développement personnel émergent autour de la créativité : musicothérapie, danse-thérapie, percussion-thérapie, méthodes autour du chant, de l'art dramatique, de la peinture...

Entraînez-vous à être créatif

Pour vous accompagner sur le chemin de la créativité, ce chapitre sera beaucoup plus pratique car la créativité s'expérimente plus qu'elle ne se théorise.

Voici donc deux exercices importants. Faites-en une habitude et pratiquez-les durant un mois au moins. Ils seront de puissants leviers d'ouverture dans votre vie et vous permettront de vous reconnecter profondément à votre créativité.

Je vous conseille vivement de vous prendre au jeu, vous en serez dignement récompensé !

Les quinze minutes du matin

Le premier exercice consiste en un rendez-vous avec vous-même, chaque matin pendant quinze minutes. Le but est d'écrire dans un cahier personnel, que vous aurez choisi avec attention, ou dans un dossier privé sur votre ordinateur, tout ce qui vous passe par la tête, sans le moindre jugement, ni contrôle. Des pensées par rapport aux événements de la veille, des envies pour la journée qui vient, un souvenir, un problème à résoudre, l'avancée de vos objectifs… notez tout ce que vous voulez ! Dans un flux ininterrompu, le sens n'ayant ici que peu d'importance, écrivez et ne vous arrêtez, idéalement, que quand vous aurez le sentiment d'avoir exprimé tout ce que vous avez sur le cœur.

Quoi qu'il en soit, tant que les quinze minutes ne sont pas passées, continuez. Et si rien ne vous passe par la tête à ce moment-là, écrivez cela et suivez le flux de vos pensées ou de vos questionnements et des images qui vous viennent par rapport à la situation.

Au fur et à mesure, votre esprit s'habituera à s'exprimer. Et même si, pour certains, l'exercice n'est pas évident au début, il le deviendra à force de le pratiquer… Il faudra juste se motiver un peu plus au départ, mais cela en vaut vraiment la peine. Et vous aurez de quoi, puisque je vais vous demander de pratiquer ces quinze minutes d'écriture pendant au moins un mois.

Vous verrez que ce qui pourrait sembler une contrainte au début va se transformer en envie, voire en besoin, tant ces pages ont des effets bénéfiques. Vous continuerez peut-être même après cette période, ce que je vous conseille si vous considérez que cette séance quotidienne vous fait du bien.

Ne relisez pas ce que vous avez écrit tout de suite. Laissez passer à chaque fois une semaine. Puis, à date hebdomadaire que vous aurez fixée d'avance, relisez vos réflexions de la semaine écoulée et laissez votre esprit faire son chemin en compagnie de toutes ces pensées. Posez par écrit ce qui vous vient à ce moment-là, après la lecture. Ceci vous aidera à voir plus clair dans de nombreux domaines de votre vie, quelle que soit la situation, consciente ou inconsciente…

Écrivez tous les jours, sans aucune exception, sans vous trouver la moindre excuse pour ne pas le faire ! Vous en ressentirez rapidement les bénéfices.

Votre rendez-vous créatif avec vous-même

Le second exercice est de vous prévoir, une fois par semaine, une session d'une heure ou deux, en fonction de vos possibilités, réservée à votre expression créative. Ainsi, chantez, dansez, cuisinez, bricolez, peignez, sculptez, inventez des histoires, faites de la musique, customisez des objets ou des vêtements, jardinez… peu importe le domaine, ce qui compte, c'est que vous vous exprimiez pleinement !

Si vous n'avez pas idée de votre forme d'expression idéale, pensez aux artistes, amis ou connus, que vous enviez. Il y a fort à parier que leur domaine vous parle tout particulièrement ! Sinon, tentez différentes expériences jusqu'à trouver l'activité qui vous convient pleinement.

Ensuite, exprimez-vous sans retenue, sans vous poser de questions. C'est votre moment à vous, rien qu'à vous ! Vous pouvez – et devriez – y mettre tout ce que vous voulez, sans la moindre limite ! Ne vous censurez pas ! Ne vous jugez pas ! Peu importe que ce soit bon ou pas, là n'est pas du tout la question. L'idée est de **vous exprimer en toute liberté**.

Soyez doux envers vous-même ! N'ayez pas peur des erreurs : en matière artistique, il n'en existe pas ! De plus, tout ce qui sort de vous est juste et a du sens… Il vous faudra peut-être un peu de temps pour le comprendre mais, quoi qu'il en soit, cela vous fera un bien apaisant et libérateur. Acceptez votre part artistique. Tout le monde en a une, vous ne seriez pas humain si vous n'en aviez pas !

Enfin, si vous le souhaitez, choisissez des compagnons artistiques : des personnes bienveillantes, positives et qui vous soutiennent. Pourquoi ne pas développer un projet ensemble, si le cœur vous en dit ?

Et puis, surtout, abordez tout cela avec joie, dans un esprit léger et ludique. Au fur et à mesure, vous verrez votre créativité se déployer et vous vous sentirez plus libre et épanoui qu'avant !

Tentez, vous n'avez rien à perdre… et tout à gagner !

« Ils ne savaient pas que c'était impossible,
alors ils l'ont fait. »
Mark Twain

EXERCICES

La créativité, une alliée de taille

Mise en action

Pour commencer, il va vous falloir changer vos habitudes. Repérez-les et inventez d'autres modes. Étonnez-vous !

Par exemple, modifiez votre petit déjeuner, changez de chemin pour aller au travail, prenez votre café à une autre heure ou du thé pour changer, déjeunez avec d'autres personnes et/ou ailleurs, mettez des vêtements qui restaient au fond de votre armoire, essayez de les assortir différemment, dormez de l'autre côté du lit, préparez une surprise pour votre conjoint ou un ami, faites une gentille blague à quelqu'un, changez votre routine au travail, choisissez de nouveaux aliments au supermarché, tentez de nouvelles recettes... Vous voyez, il y a mille et une façons de changer votre quotidien !

Votre mission, votre slogan : **une nouveauté par jour, en forme toujours !**

✦ Reportez ensuite ici quelques-unes de vos expériences de changement, et racontez ce que cela vous fait de modifier vos habitudes. Et surtout, amusez-vous !

....

....

....

....

Les quinze minutes du matin

Voir le détail de cet exercice plus haut dans le chapitre.

✦ Au bout d'une semaine de pratique, expliquez ici ce que vous apporte cet exercice :

....

....

....

....

Le rendez-vous créatif avec vous-même

Voir le détail de cet exercice plus haut dans le chapitre.

✦ Que vous apporte la reprise de contact avec l'artiste qui est en vous ? Que ressentez-vous pendant et après ces séances ?

....

....

....

....

Important : l'exercice de changement des habitudes et les quinze minutes d'écriture quotidiennes sont prévus pour être faits tous les jours, le rendez-vous créatif une fois par semaine. C'est essentiel pour créer une dynamique, et surtout pour que ces exercices aient un réel impact sur votre ouverture psychologique au changement et à la vie qui vous correspond profondément. Ne les sous-estimez pas. Faites-les, vous profiterez sous peu de leurs nombreux effets positifs !

Un *feel good movie* inspirant

Le Merveilleux Magasin de Mr Magorium de Zach Helm, avec Natalie Portman et Dustin Hoffman : un film inspirant qui montre que l'ouverture à l'imagination et à la créativité mène à de merveilleux univers insoupçonnés !

✦ Après avoir vu le film, demandez-vous en quoi votre vie pourrait être positivement différente si vous laissiez votre créativité s'exprimer librement ? Quelles idées voudriez-vous déployer dorénavant ?

....

....

....

....

CLÉ N° 3

La peur du jugement des autres

« Après le bac, je passe des concours dont celui du Conservatoire et du cours Florent. À chaque fois, ma prestation est appréciée mais je ne suis pas pris. Et pire, on me déconseille de me représenter. On me fait comprendre que cela va être compliqué pour moi si j'emprunte une voie classique et que ma couleur à forte pigmentation m'empêchera de réussir. Plutôt que de me déprimer, cela m'a donné la niaque ! J'ai alors commencé à créer mes propres spectacles avec des amis. »
Pascal Légitimus, comédien

Le jugement des autres… quelle histoire, quelle pression ! Et ça commence très tôt ! En effet, dès le plus jeune âge, les parents et les éducateurs comparent les enfants les uns aux autres : « Untel fait mieux que toi », « L'autre est plus sage que toi »… Ils les grondent dans la rue et leur crient : « Que vont penser les gens ? » ou « Voilà, maintenant tout le monde te regarde, bravo ! ».

Ils leur répètent sans cesse qu'il faut être le meilleur. Mais le meilleur par rapport à qui ? Est-il préférable d'être le meilleur dans une classe nulle ou le dernier dans une classe de génies ? Comme vous le voyez, **tout est très relatif**.

Bien que majoritairement transmises sans mauvaises intentions, toutes ces pressions et injonctions vous ont façonné et détourné de vous-même. Par peur de ne pas être aimé, d'être rejeté, d'être différent, vous vous êtes éloigné de la personne que vous êtes réellement. Vous avez ainsi commencé à faire semblant d'être un autre : une marionnette sociale, au masque le plus lisse possible. Quelqu'un qui n'est pas vous mais qui prétend être vous.

Et c'est comme ça que vous vous êtes lancé dans la vie. À prendre des directions dictées par la marionnette qui veut plaire à l'entourage et qui s'écarte de plus en plus de vous… tout cela pour satisfaire les autres, pour être accepté et aimé !

Mais qui peut prétendre être aimé vraiment si c'est ce personnage que les autres aiment, et non lui-même ?

Le jugement des autres n'a généralement rien à voir avec vous

Nombreuses sont les personnes qui pensent ne pas être assez bien pour être aimées. Or, tout le monde a le droit d'être aimé et tout le monde a suffisamment de valeur pour être aimé. Tout le monde. Vous concédez bien ce droit aux autres… pourquoi ne l'auriez-vous pas vous-même ?

Cela ne veut pas dire que vous serez aimé par tout le monde, cela n'existe pas. Mais qu'est-ce que vous en avez à faire d'être aimé par le monde entier ? Vous vivez avec tous ces gens ? Bien sûr que non !

Au fond, qu'est-ce que ça peut vous faire d'être aimé par une personne que vous croisez tous les quatre matins et qui n'a aucun rôle dans votre vie ? La respecter et qu'elle vous respecte en tant qu'être humain est bien sûr normal, mais qu'elle vous aime, en quoi ça change votre vie, concrètement ? En rien ! Absolument rien !

Pourtant, beaucoup gaspillent énormément d'énergie à essayer de plaire à des personnes qui ont un impact minime, voire totalement inexistant, sur leur vie. Quel gâchis ! Et vous, où en êtes-vous par rapport à cela ?

Allons plus loin. Imaginons qu'une personne que vous connaissez à peine ne vous aime pas. Déjà, soyez conscient que ce n'est pas vous qu'elle n'aime pas, puisqu'elle ne vous connaît pas. En réalité, c'est l'image qu'elle s'est créée de vous qu'elle rejette, c'est-à-dire le film qu'elle se fait ! Vous n'allez pas souffrir à cause d'un fantasme, une erreur d'interprétation de quelqu'un d'autre ?

Alors, tant pis pour cette personne si elle est autant dans le jugement et qu'elle passe à côté des gens. C'est elle qu'elle punit en réalité.

Quant à vous, vous n'avez pas à lui donner le pouvoir de vous faire souffrir, c'est un non-sens total ! Et vous n'avez pas non plus à lui donner le pouvoir de vous empêcher d'être qui vous êtes. Car ce pouvoir, c'est vous qui le détenez. Réfléchissez à ce que vous en faites !

« On n'a qu'une vie, ne passons pas à côté ! », c'est et ce sera toujours mon refrain ! La gaspiller en se cachant ou en s'empêchant de vivre, c'est tout simplement du pur gâchis !

Tout cela dépend de vous. De vous et de personne d'autre ! Et du fait que vous laissiez ou non le jugement des autres avoir un impact sur vous.

Qui êtes-vous ? Tout simplement une personne qui fait de son mieux pour se construire une vie la plus heureuse possible.

Alors, quoi que pensent ou disent les gens, vous savez que vous faites ce que vous pouvez, et c'est déjà très bien. D'ailleurs, si vous lisez ce livre, c'est que vous faites partie des personnes qui se donnent vraiment les moyens d'améliorer leur vie. Bravo !

Ne pas être soi n'amène qu'une chose : de la souffrance ! Souffrance psychologique, physique… d'une manière ou d'une autre, elle s'exprimera : du mal-être… à la maladie. C'est de cela que vous avez envie ? Car, outre le fait de passer à côté de votre vie, avez-vous envie de souffrir d'infections, de petits accidents, de problèmes de peau, voire d'alertes plus graves car votre inconscient, *via* son arme ultime, votre corps, se rebelle contre la torture psychologique que vous lui infligez ? Absolument pas, n'est-ce pas ?

Travaillez votre rapport aux autres

C'est donc votre rapport aux autres qu'il faut faire évoluer pour vous détacher de la pression de leur jugement qui menace de vous détourner de vous-même. Ce travail essentiel ne se situe pas du côté des autres, mais bien au niveau du film que vous vous faites sur ce que les autres pensent et attendent de vous. Oui, j'ai bien dit « du film » !

Car effectivement, cette pression, c'est VOUS qui vous la créez, pas les autres ! C'est vous qui, par votre imagination, vous mettez tout seul la pression sur leur opinion à votre sujet. D'autant plus que, dans la majorité des cas et comme je le disais, ce que les autres pensent de vous n'a absolument aucun impact sur votre vie.

De plus, les autres ne pensent généralement pas de vous tout le mal que vous vous imaginez ! Car vous avez sans doute une capacité phénoménale à fantasmer le pire et à vous persuader qu'ils s'imaginent plein d'histoires sur vous.

Alors qu'au fond, la majorité des autres (et même vos proches) ne sont pas hantés par les mille questionnements que vous vous posez à votre sujet. Ils vous prennent comme vous êtes car en réalité, ils n'ont pas le choix… sauf, évidemment, si vous leur laissez ce pouvoir qui ne devrait pas leur appartenir !

D'ailleurs, les autres ne pensent pas à vous jour et nuit en se demandant si vous êtes parfait et en analysant vos moindres faits et gestes ! Ou alors, c'est qu'il s'agit de personnes qui ne vont pas bien, et vous devriez vous en protéger.

Donc, en toute logique, **vous n'êtes pas le centre du monde des autres !** Et c'est tant mieux ! Voilà de quoi alléger le poids que vous vous mettez inutilement sur les épaules. Dans la majorité des cas, ce que vous faites n'est pas la première préoccupation des autres, qui sont souvent déjà bien occupés par leur vie, leurs actions, mais aussi par leur propre peur du jugement des autres !

Ainsi, rassurez-vous, s'il s'est passé quelque chose qui vous gêne par rapport à eux, sachez qu'une fois la chose réglée, ils finiront généralement par l'oublier. Alors que vous, vous pourriez encore ruminer l'événement et en souffrir pendant des jours, des mois, voire des années si vous vous prenez trop au sérieux !

Être adulte, c'est **accepter ses erreurs et ses défauts**, les assumer et faire avec – ou travailler dessus. Et ce sans psychodrame, en se posant simplement les bonnes questions et en entreprenant les justes actions pour atteindre ses objectifs.

Au contraire, pleurer sur son sort, se lamenter, c'est refuser de grandir. C'est rester dans une attitude d'enfant qui cherche à être consolé et pris en charge.

Facile à dire ? Eh bien, figurez-vous que ce n'est pas si compliqué. Cela demande certes un peu de rigueur et de courage parfois, mais le résultat en vaut vraiment la peine !

Un comportement aligné : votre meilleur allié

Pour reprendre la main sur votre vie et sur vous-même, soyez tout d'abord une personne « respectable ». Quelqu'un qui, dans la mesure de ses possibilités, fait le bien autour de lui par une attitude positive et douce envers lui-même et envers les autres (on ne vous demande pas non plus de devenir l'abbé Pierre ou mère Teresa !). Quelqu'un qui n'a qu'une parole et qui a le courage d'assumer ce qu'il fait et ce qu'il dit.

Vous le savez, d'ailleurs : quand vous dites du mal, quand vous trichez ou vous mentez, vous ressentez au fond de vous une sensation peu agréable. C'est normal, que vous en soyez conscient ou non, les actions négatives agissent comme du poison. Ce poison s'infiltre en vous et vous pollue le corps et l'esprit. Vous sentez bien qu'à ce moment-là, vous n'êtes pas connecté à la meilleure partie de vous-même, mais plutôt à vos frustrations et à ce que vous n'avez pas réglé, et que vous entretenez par ces comportements.

Il ne s'agit pas de morale. Quand je parle de « faire le bien », ce n'est pas en fonction de quelque courant religieux ou philosophique que ce soit, mais en fonction de ce que vous considérez être bien et juste, car c'est avant tout une façon de vous respecter vous-même et d'être en phase avec vos valeurs profondes.

Vous verrez qu'avec un comportement impeccable, on se sent une personne *impeccable*. On se sent grandi, plus aligné et en confiance, donc moins sensible au jugement des autres car on sait profondément, quoi qu'en disent les autres, que l'on est quelqu'un de bien.

Une autre façon de se libérer de la prison du regard de l'autre est de **lâcher prise**. Car sachez qu'aussi irréprochable que vous puissiez être, il y aura toujours quelqu'un dont la souffrance ou les frustrations le mèneront à vous juger ou à avoir quelque chose à dire de vos actions. Raison de plus pour vivre votre propre vie !

Je l'ai appris à mes dépens à une époque où je me pliais en quatre, que dis-je, en mille, pour contenter tout le monde : mon entourage, mes collaborateurs et toute personne que je pouvais croiser sur mon chemin. Je me donnais un mal de chien pour les satisfaire au plus haut point, en dépit de mon temps, de mes intérêts parfois, et surtout du respect que j'aurais dû me porter. Et vous savez quoi ? Il y avait toujours quelqu'un qui avait quelque chose à redire. C'était hallucinant ! Je me mettais une pression maximale pour arranger tout le monde et ce n'était jamais assez !

Alors un jour, épuisée et dégoûtée de cette injustice (que je m'étais infligée, en réalité), j'ai arrêté. Les gens ont regretté leur attitude mais il était trop tard, j'avais été au-delà de mes limites.

Cette expérience m'a vraiment fait comprendre que, quoi que l'on fasse et même si l'on essaie d'être exemplaire, on ne sera jamais aimé par tout le monde. On peut se perdre à essayer de l'être, mais c'est sans issue.

Aussi, je me suis recentrée sur mes besoins et mes envies. Je n'ai pas voulu sombrer dans la rancœur ou l'égoïsme en me renfermant sur moi-même et en ne pensant plus qu'à moi. J'aurais pu, avec ce que j'avais traversé. Mais non, je serais tombée dans le piège, je me serais perdue une deuxième fois !

L'amour, réponse universelle

Au contraire, j'ai toujours su que la réponse est dans l'amour. Et que c'est par l'amour que viennent l'alignement, le bonheur et la sérénité.

Je suis donc restée la même, généreuse et à l'écoute des autres, mais j'ai appris à me respecter et à mettre des limites. Car je m'étais oubliée dans l'équation ! Quand je pensais *amour*, je pensais *amour des autres*. Mais j'oubliais celui que l'on se doit à soi-même.

L'amour est tellement essentiel, et dans tout, qu'il fera l'objet d'un chapitre entier à la fin de ce livre.

Mais ce que je peux déjà vous dire en parlant de l'amour de soi, c'est qu'il est la condition incontournable d'une vie heureuse et équilibrée. Car si vous vous aimez et si vous vous acceptez avec vos qualités et vos défauts (ce qui est tout à fait compatible avec le fait de vouloir évoluer), même si l'autre dit du mal de vous, ses propos ne vous blessent pas car vous savez qui vous êtes. Et vous savez aussi que c'est sa souffrance qui s'exprime à ce moment-là, indépendamment de vous.

Il s'agit donc de prendre du recul et de développer l'**auto-référence** : je sais que ce que j'ai fait est bien ou pas, peu importe l'avis des autres.

D'autant plus que rien n'est grave en ce monde – ou presque rien. Alors, ne vous créez pas de problèmes ou de souffrances inutiles ! Au contraire, allégez-vous, dédramatisez !

J'utilise souvent l'image du sac à dos pour décrire la vie. Ce sac, que nous portons tous, contient du bon et du moins bon. Déjà, toutes nos découvertes, nos expériences, nos apprentissages. Mais il est également chargé de choses qui ne nous appartiennent pas, comme des injonctions et contraintes familiales, sociales, culturelles, nos croyances aussi… J'imagine tous ces éléments sous forme de jolis diamants légers (nos expériences ressources) ou de grosses pierres lourdes (les injonctions et contraintes qui nous pèsent) qui se sont retrouvés dans notre sac à dos, au fur et à mesure de nos interactions avec notre environnement.

Le travail que nous avons à faire en devenant adulte, pour être équilibré et en phase avec nous-même, est de nous débarrasser des pierres lourdes qui nous empoisonnent la vie ! Nous n'avons pas à les porter, ni à en souffrir !

Sur le chemin de votre reconnexion à vous-même, dégagez toutes ces pierres afin d'avoir un sac léger, contenant uniquement de jolis diamants, pour avancer sans effort, libre, inspiré et joyeux vers votre vie idéale.

Et c'est pareil avec la pierre du jugement des autres : vous n'avez pas à la porter, c'est leur mal-être, pas le vôtre ! Elle n'a donc pas sa place dans votre sac ! Bien sûr, les jugements des autres ne sont pas que négatifs, loin de là. Ils peuvent vous renvoyer des parts de vérité qui vous permettront de grandir. Ils peuvent également être positifs et renvoyer une image rassurante, valorisante de vous. Ceci dit, même si les jugements positifs peuvent être très agréables, je vous conseille de rester en autoréférence, toujours. Au fond de vous, vous savez si vous avez bien réalisé les choses ou pas, si vous avez commis une erreur ou si vous avez été juste. Ainsi, en dehors des conseils qui peuvent bien sûr vous faire évoluer, restez toujours connecté à votre propre sensation. Recevez les compliments, qui représentent la vision de l'autre, mais sachez où vous en êtes en votre âme et conscience. Cela vous aidera à préserver **une juste indépendance émotionnelle**.

Je sais, ce n'est pas évident. On nous inculque la dépendance au regard de l'autre depuis notre plus jeune âge. La bonne nouvelle, c'est que **tout ce qui a été appris peut être désappris**, il suffit de travailler dessus. Pour cela, la reconnexion à soi, sur laquelle nous avons déjà commencé à travailler, va beaucoup vous aider.

Pour le reste, prenez du recul, entraînez-vous, impliquez-vous, persévérez… Petit à petit, vous vous libérerez du joug du regard de l'autre pour retrouver votre propre liberté et vivre, dans la joie et l'alignement, la vie qui vous ressemble et que vous méritez pleinement !

« Souciez-vous de ce que pensent les autres et vous serez toujours leur prisonnier. »
Lao Tseu

EXERCICE

La peur du jugement des autres

Mise en action

✦ Faites la liste de tout ce que vous aimeriez faire mais que vous n'avez pas encore osé commencer par peur du jugement des autres.
Il pourra y avoir de grandes choses. Il pourra y en avoir de plus simples aussi, comme tenter une nouvelle coiffure, suivre un cours de théâtre, parler à quelqu'un que vous n'avez jamais osé aborder… Ouvrez le champ des possibles et notez-en un maximum.

....

....

....

....

✦ Dans cette liste, sélectionnez les trois sujets qui vous touchent le plus.
Ensuite, choisissez le plus facile des trois à réaliser… ou si vous préférez, celui qui vous tient le plus à cœur, et faites-le !
Sachez que c'est souvent beaucoup plus simple qu'on ne le pense. Le plus dur est de s'y mettre… Au moment de vous lancer, arrêtez de réfléchir, comptez jusqu'à trois, et foncez ! Tentez, même si c'est difficile au début. Que ça marche ou pas, vous pourrez être fier d'avoir osé ! C'est bien ça le plus important. Ensuite, si nécessaire, recommencez. Le plus difficile a été fait, ce sera à chaque fois de plus en plus simple – croyez-moi, c'est du vécu !

✦ Une fois l'action réalisée, écrivez tout le positif, la fierté et/ou la joie que cette expérience vous a apporté.

....

....

....

....

Un *feel good movie* inspirant

Billy Elliot de Stephen Daldry : l'histoire d'un jeune garçon passionné de danse classique qui doit se cacher pour échapper au jugement de son entourage, au risque de passer à côté du rêve de sa vie. Un film touchant, inspiré d'une histoire vraie.

✦ En quoi vous êtes-vous déjà senti comme Billy Elliot, obligé de vous cacher des autres pour être pleinement vous-même ?

....

....

....

....

✦ Qu'avez-vous à présent envie de changer dans vos fonctionnements actuels pour que cela n'arrive plus ?

....

....

....

....

CLÉ N° 4

Croyances soutien et croyances limitantes

« Je me souviendrai toujours de ma rencontre avec Florence Foresti dans sa loge. Cela faisait trois mois que je faisais du one-woman-show. Elle m'a dit : "Si je peux te donner un seul conseil, c'est d'y croire à 400 % parce que personne d'autre n'y croira à ta place." Ce conseil m'a vachement aidée ! Et je pense qu'il est valable pour toutes les professions, pour toutes les passions, pour tout le monde. »

La Bajon, humoriste et youtubeuse

Nous sommes tous remplis de croyances, c'est-à-dire d'avis que nous nous sommes forgés sur le monde, sur les autres et sur nous-même.

Ces croyances conditionnent votre vision du monde, vos actions et vos relations avec les autres et, ainsi, elles influencent considérablement votre vie.

Elles viennent de vos parents (« Tu es maladroit »/« Tu es le meilleur »), votre entourage (« Tu es un loser »/« Tu es génial »), vos éducateurs (« Tu devrais faire tel ou tel métier »/« Pour être heureux, fais le métier qui te plaît »), ou encore de la société (« Pour réussir, il faut être riche »/« La vie est courte, profitons au maximum »). Vous les forgez aussi vous-même, en tirant des leçons – parfois erronées – de vos expériences (« Je suis nul »/« Je suis doué »).

Ensuite, vous faites tout pour donner raison à vos croyances car elles constituent votre carte du monde. Celle-ci vous le rend plus compréhensible et maîtrisable, et donc vous rassure.

Une fois que vous avez confirmé et ainsi renforcé vos croyances, vous vous y accrochez fermement, même si elles sont fausses et même si certaines d'entre elles peuvent vous porter préjudice. Elles vont en conséquence vous enfermer dans un certain état d'esprit qui influencera vos décisions et vos actions, et donc le cours de votre existence. En positif, comme en négatif !

En effet, vos croyances peuvent être **positives**, on les appelle alors des **croyances soutien**. Elles vous accompagnent dans des interactions favorables avec vous-même et avec les autres (« Je suis capable », « Les gens sont bienveillants », « La vie est belle… »).

Elles peuvent être **neutres** et ne changent rien à votre quotidien (« Il doit y avoir d'autres espèces quelque part dans l'univers… »).

Mais elles peuvent aussi être **négatives** ou **limitantes** (« Je ne suis pas capable », « De toute façon, ça va échouer », « Il ne m'aime pas », « Les politiciens sont tous des pourris », etc.).

Cela veut dire que si, par exemple, vous êtes persuadé que vous allez échouer ou que les gens sont mauvais, votre inconscient va repérer et interpréter tous les signes qu'il va rencontrer de manière à conforter cette croyance.

Par exemple, si vous vous dites : « Cette personne ne m'aime pas » et qu'elle fait une mimique bizarre quand vous lui parlez, vous allez penser que cela confirme son aversion pour vous – alors qu'elle réagit peut-être à un mal de tête ou à la pensée de la tonne de travail qui lui reste à abattre. En revanche, si vous avez une croyance positive envers elle, vous lui demanderez si ça va et elle vous répondra qu'elle a mal à la tête, tout simplement.

De même, vous connaissez certainement des personnes qui ont toujours de la chance. Eh bien, sachez qu'elles en ont principalement parce qu'elles sont persuadées d'être chanceuses. Par conséquent, elles filtrent les informations et mettent tout en place, consciemment et inconsciemment, de manière à avoir de la chance ! Et inversement, une personne persuadée de ne pas en avoir n'en aura effectivement pas, parce que, inconsciemment, elle fera tout pour donner raison à sa croyance !

Comme vous le voyez, autant les croyances positives peuvent vous aider, autant les croyances limitantes peuvent vous mettre des bâtons dans les roues et influencer très négativement les événements.

Rappelez-vous toujours que **vos décisions sont fondées sur votre vision du monde**. Et cette vision n'est en fait qu'une interprétation des faits. Avec, dans le cas des croyances limitantes, des conséquences préjudiciables tant au niveau de la confiance en vous que du rapport que vous aurez aux autres.

Vous l'aurez compris, il est donc essentiel de vous débarrasser de vos croyances négatives, sous peine de passer à côté de personnes, de relations et de moments importants. Vous imaginez le gâchis !

Est-ce que cela vous fait penser à des situations où votre état d'esprit vous a fermé des portes ? Ou à des choses qui, dans votre vie, ne vous conviennent pas mais qui reviennent en boucle ? Ou à des amis avec lesquels vous vous êtes brouillé parce que vous avez surinterprété des faits ou des paroles ? Si oui, ne vous inquiétez pas, c'est le cas de la majorité des gens. C'est juste humain. Mais si ça vous porte préjudice, alors autant vous en débarrasser.

Agir sur vos croyances, c'est possible

Comment faire pour vous débarrasser de ces croyances limitantes ? Eh bien, c'est simple : il suffit d'agir sur elles. Si vous avez réussi à construire ces idées, vous pouvez aussi les déconstruire et les remplacer par d'autres qui auront un effet bénéfique sur vous !

Pour cela, le plus efficace est de ne jamais préjuger de rien, ne pas interpréter ni penser à la place des autres.

La personne fait une drôle de tête et vous ne savez pas si c'est parce qu'elle a un souci par rapport à vous ou si c'est parce que quelque chose la tracasse ? Demandez-lui gentiment, tout simplement : « Tout va bien ? » Soit elle vous dira : « Oui, ne t'en fais pas, je pensais à ceci ou cela », soit, si elle a quelque chose à vous reprocher, ce sera l'occasion d'en parler et de désamorcer le problème.

Et cela ne vaut pas uniquement pour vos relations aux autres. Vous pouvez également revoir la vision du monde que vous avez par rapport à vous-même !

Vous pensez que vous n'êtes pas capable ? Rappelez-vous toutes les fois où vous avez réussi. Préparez votre action et travaillez suffisamment pour y arriver. Demandez conseil à des personnes qui y sont arrivées avant vous. Observez comment font ceux qui réussissent. Avancez pas après pas plutôt que d'attaquer l'Everest de front et, surtout, arrêtez de vous prendre la tête car cela vous met des bâtons dans les roues ! Avancez de petite victoire en petite victoire, autorisez-vous à retenter ce qui n'a pas réussi du premier coup. Et, bien sûr, soyez convaincu que vous allez y arriver !

Car même s'il n'y a qu'un petit pourcentage de chances que votre projet réussisse, ce n'est pas zéro, donc c'est possible ! D'ailleurs, l'histoire regorge de personnes qui y sont arrivées alors que tout pouvait faire imaginer le contraire. La différence ? Certainement la croyance ferme de la personne en sa possibilité de réussite. Alors, ne vous en privez surtout pas !

Je vous le rappelle, **le succès et le bonheur dépendent principalement de votre vision du monde**, donc de vos croyances. C'est comme si vous portiez des lunettes avec un filtre positif ou négatif. Mettez le filtre positif et croyez en vous et en la vie, vous verrez que les choses iront beaucoup mieux pour vous !

Récemment, un jeune ami avait besoin de trouver un stage. Mais le format proposé par son école (deux semaines en entreprise, trois en cours) étant inhabituel, il était persuadé qu'aucune entreprise n'accepterait sa candidature. Croyance ! Ses trois premières tentatives s'étaient soldées par un échec pour cette histoire d'organisation, raison qu'il mettait lui-même en avant dans les entretiens ! Il disait presque non à la place des recruteurs, ce qui lui permettait en même temps de confirmer sa croyance. Il était donc sur le point d'abandonner ses recherches et son année d'études. Nous avons alors travaillé sur ses croyances et analysé la situation. Il en est ressorti qu'il avait un très bon profil et des arguments de poids pour se mettre en valeur, mais également que certaines entreprises seraient heureuses d'avoir un élément tel que lui, même à des horaires différents. Et c'est ainsi qu'en moins de deux semaines, armé de nouvelles croyances bien plus positives cette fois, il a trouvé son entreprise idéale et sauvé son année !

Combien de personnes sont dans ce type de posture qui ferme toutes les portes, même celles qui auraient pu être ouvertes ? Vous-même peut-être vous y reconnaissez-vous ? Ne pensez-vous pas qu'il serait temps de changer cela et de vivre du côté des personnes qui trouvent le plus souvent des portes ouvertes ?

Alors, **arrêtez de penser à la place des autres !** Votre job, c'est de vous donner les chances. Délivrez-vous de ces croyances qui vont vous faire passer à côté d'occasions importantes ! Dès maintenant !

Tout est une question d'interprétation

Deux personnes dans la même situation peuvent la vivre bien ou mal, en fonction de leur filtre.

Cela m'est arrivé il y a longtemps, à un concours de chant. Je passais dans les derniers et il était tard quand mon tour est arrivé. La fatigue et le stress avaient pris le dessus et j'ai tellement voulu convaincre que mon corps s'est encore plus contracté. Résultat : une tension générale et quelques notes pas très bien placées ! Ainsi, ma prestation, qui n'était pas dramatique mais pas à la hauteur de mes capacités, n'a pas récolté les faveurs du jury.

Une amie, qui y avait également participé, n'était pas non plus satisfaite pour plus ou moins les mêmes raisons. Sa prestation n'était en réalité pas si catastrophique que ça non plus, mais elle a été effondrée pendant plusieurs jours et a même pensé à arrêter le chant !

Que de souffrance pour un si petit événement ! Démesuré ! Mais c'est comme ça qu'elle avait choisi – inconsciemment – de vivre cette expérience, à travers ses filtres négatifs ! Ça vous rappelle quelque chose dans votre vie, peut-être ?

De mon côté, je l'ai pris comme une expérience. OK, je n'avais pas été au top, mais je savais de quoi j'étais capable dans une bonne configuration. J'ai donc décidé de travailler sur ce qui m'avait manqué : la détente et la concentration pour la précision des notes, et refaire plusieurs prestations scéniques pour m'habituer à ce genre de configuration en y trouvant plus de plaisir…

Ainsi, le lendemain, mon amie était totalement effondrée et moi, j'étais excitée à l'idée de faire mieux la fois suivante, alors que nous avions vécu la même chose ! Comme quoi, c'est vraiment une question de filtre.

Vous vous concentrez sur le positif ou le négatif ? Quelle croyance collez-vous à ce que vous vivez ? Est-ce un drame ou une opportunité ?

Selon mes croyances (qui ont une forte tendance à être positives), il y a bien peu de choses dans la vie qui sont un drame. D'ailleurs, ce ne sont pas les événements qui créent notre souffrance, mais la façon dont nous les interprétons et la résistance que nous leur opposons.

Voici un exemple pour être bien concret : imaginons qu'il arrive quelque chose qui vous contrarie profondément. Prenons un sujet *touchy* : votre employeur décide de vous licencier.

Sur le moment, vous n'avez pas à souffrir puisque votre situation n'a pas changé entre la minute où il vous en a fait l'annonce et la suivante. Des semaines, voire des mois, vous séparent de votre sortie de l'entreprise. Mais vous commencez à vous faire des films à la seconde même ! « Que vais-je devenir ? Et si le pire arrivait ? Et si je venais à manquer d'argent ? Et si je me retrouvais à la rue ? » Et vous voilà instantanément en pleine souffrance, alors que vous ne manquez encore de rien !

Mais si l'on y réfléchit : peut-être que vous retrouverez un nouveau poste rapidement, et peut-être que ce poste vous conviendra beaucoup mieux que celui que vous occupez actuellement. Mais vous occultez cette possibilité ! Vous en oubliez même que vous en aviez plus qu'assez de ce job et qu'il vous arrivait de plus en plus souvent de rêver d'en changer. Et là, d'un seul coup, vous vivez profondément la peur d'une situation future digne des pires films d'horreur !

J'ai vécu cela quand je suis arrivée à Paris. J'avais décroché un poste de journaliste dans une radio, j'étais ravie. C'était un contrat de trois mois, pas un jour de plus. Nous nous étions très bien entendus avec l'équipe et les dirigeants. Ils m'avaient d'ailleurs dit qu'ils réfléchissaient à trouver une solution pour pouvoir me garder. Malheureusement, l'état de leurs finances ne le leur a pas permis, et je peux vous dire que j'ai été effondrée d'apprendre que je devrais partir, comme convenu, tant j'avais adoré ce boulot.

Je me suis donc mise à la recherche d'un nouveau job et, après avoir travaillé en intérim quelque temps sur des missions peu passionnantes, je suis entrée dans la boîte de mes rêves, celle où déjà à 18 ans je souhaitais travailler !

J'y suis restée plus de dix ans par la suite, en vivant une aventure formidable ! Je n'aurais probablement jamais vécu cela s'ils m'avaient gardée à la radio. Aujourd'hui, je me dis que c'est une chance d'avoir dû partir, alors que sur le moment, j'ai vécu un terrible drame.

Cela m'a vraiment appris que dans toute situation, même non voulue, se trouvent des cadeaux. Il faut juste être suffisamment ouvert pour y avoir accès. De plus, rien ne sert de s'apitoyer sur son sort ! Cela ne change rien et, surtout, cela ne peut qu'aggraver la situation et notre état psychologique.

Ainsi, tout étant une question d'interprétation, choisissez d'accueillir les événements comme des faits. Cela veut dire les accepter, en tout cas si vous ne pouvez rien y faire, et lâcher prise. Et surtout, dites-vous que ces événements sont sans doute arrivés pour vous faire grandir et vous apporter de nouvelles opportunités. À vous alors d'ouvrir le champ des possibles par une attitude positive et constructive !

Comme le disait notre guide bouddhiste à l'occasion d'un voyage en Inde, il y a quelques années : « Il ne sert à rien de lutter contre le courant, le fleuve est plus fort que toi, tu finirais par t'épuiser ! En revanche, dans le sens du fleuve, il existe de petits ruisseaux. Trouve celui qui te convient et tu trouveras ta voie. » Très sage… et tellement plus efficace !

Alors, à vous de choisir votre petit ruisseau ! Soyez attentif à vos croyances et à votre façon d'interpréter ce qui vous arrive. Drame ou opportunité ? Autant aller vers ce qui vous fera le plus de bien et vous mènera, en ouvrant le champ des possibles, vers la plus belle version de votre vie !

> *« Que vous pensiez être capable ou ne pas être capable, dans les deux cas, vous avez raison. »*
> Henry Ford

EXERCICE

Croyances soutien et croyances limitantes

Mise en action

Dressez la liste de vos croyances soutien, qui vous confortent pour avancer, puis celle de vos croyances limitantes, qui vous empêchent d'évoluer comme vous le souhaiteriez (exemple : « Je suis bon en organisation, c'est très positif dans mon travail »/« Je suis nul en politique d'entreprise, je ne fais jamais ce qu'il faut »).

- Mes croyances soutien :

....

....

....

....

- Mes croyances limitantes :

....

....

....

....

Parmi les croyances limitantes que vous avez répertoriées, choisissez celle que vous aimeriez changer en premier et qui peut se faire d'une manière simple.

Réfléchissez : par quelle croyance souhaitez-vous la remplacer ?

Trouvez dans votre histoire des exemples concrets qui confirment la nouvelle croyance (exemple : si vous souhaitez remplacer la croyance « Je n'y arriverai jamais » par la croyance « Je suis capable », trouvez différents exemples où vous avez réussi, prouvant ainsi que vous êtes effectivement capable). Avec une attitude positive, vous trouverez toujours.

✦ Notez les exemples positifs ci-dessous :

....

....

....

....

Travaillez ensuite à remplacer l'ancienne image (dans notre exemple, l'incapacité) par la nouvelle image (la capacité) d'abord mentalement, puis dans vos actes quotidiens.

Sachant qu'il faut trois semaines pour créer une nouvelle habitude, ne vous en voulez pas si vos croyances négatives resurgissent. En revanche, dès qu'elles réapparaissent, remplacez-les immédiatement dans votre esprit, et pourquoi pas à voix haute, par vos croyances soutien. Au fur et à mesure, celles-ci prendront plus de place, effaçant peu à peu les anciennes, et finiront par s'ancrer durablement en vous.

Un *feel good movie* inspirant

Un jour sans fin, avec Bill Murray et Andie MacDowell : l'histoire d'un homme cloîtré dans ses croyances. Il ne pourra sortir de son marasme qu'en remplaçant ses croyances limitantes par des croyances positives, bien plus constructives pour lui et les autres.

✦ En quoi le comportement de Bill Murray peut-il vous faire penser à des situations que vous avez vous-même vécues ?

....

....

....

....

✦ Pour chacune de ces situations, réfléchissez à quelle croyance elle était associée chez vous, et par quelle croyance positive vous pourriez la remplacer.

....

....

....

....

CLÉ N° 5

Trouvez votre mission de vie

« Pour tous ces gens qui sont partis, comme mon père qui a rendu son dernier souffle dans mes bras, on n'a pas le droit de ne pas vivre, on n'a pas le droit de ne pas être heureux. Je pense que si tu es heureux, tu contamines les gens qui sont autour de toi. Moi, je veux être un virus de bonheur, c'est ma mission de vie ! »

Jarry, comédien et humoriste

Nous avons tous des talents, des dons, des affinités avec tel art, tel sport ou telle autre activité. Nous les avons développés, survolés ou délaissés – ou même ignorés, pour ceux d'entre nous qui n'ont pas conscience de ces ressources pourtant si précieuses qu'ils ont en eux.

Souvent, c'est très tôt que nos talents pointent le bout de leur nez. Pour ma part, petite déjà, sans jamais avoir fait de danse ou d'activités artistiques, je réunissais mes cousins durant les fêtes de famille. Je montais des chorégraphies, des sketchs, des saynètes afin de les présenter sous forme de spectacle devant les parents qui – patiemment – se prêtaient au jeu ! Pas étonnant que je sois devenue artiste !

Et vous, que faisiez-vous quand vous étiez petit ? Prenez quelques instants pour vous le rappeler. Fermez les yeux et revoyez-vous… Quels étaient vos jeux, vos activités, vos passions ? Qu'est-ce qui vous faisait vibrer ? Que pouviez-vous faire pendant des heures sans voir le temps passer ? Trouvez-vous un lien avec vos activités actuelles ?

S'il n'y en a pas, n'est-ce pas quelque chose qui vous manque aujourd'hui dans votre vie ? N'auriez-vous pas laissé cette passion profonde de côté pour des raisons matérielles, de temps, de croyances limitantes ou de conformité sociale ?

Que ressentez-vous par rapport à toutes ces questions, ici et maintenant ?

Quelle est votre mission de vie ?

Votre mission de vie se situe à la fois dans ce qui vous fait profondément **vibrer**, mais aussi dans ce que vous pouvez **apporter au monde et aux autres** à travers cette activité qui vous passionne.

Pour un artiste, ce sera par exemple s'exprimer du plus profond de son âme tout en apportant aux autres cette part de lui-même qui les fera rêver, rire, s'émouvoir ou réfléchir… ou, pourquoi pas, tout cela à la fois !

Pour un cuisinier, cela pourrait se traduire par utiliser de bons produits, en faire ressortir le meilleur, inventer de nouvelles recettes et réaliser des plats succulents qui feront le plus grand plaisir des clients de son restaurant.

Pour un directeur des ressources humaines, un DRH, ce peut être le fait de répondre à sa passion pour l'organisation et la gestion des équipes tout en veillant à leur bien-être et à leur évolution positive au sein de l'entreprise.

Peu importe l'activité, l'essentiel est qu'elle réponde profondément à nos passions et à nos intérêts et que, en même temps, elle puisse comporter un effet bénéfique pour les autres. C'est cela la mission de vie, tout simplement !

Bien sûr, entre les injonctions de nos éducateurs, les influences culturelles et sociales, le jugement des autres ou les rêves que l'on croit avoir, alors qu'ils nous ont en réalité été insufflés par notre entourage, il n'est pas si facile de rester en connexion avec nous-même et ce qui nous fait profondément et sincèrement vibrer.

Ainsi, on part parfois dans des directions qui nous éloignent de nous et de notre cœur. Mais au bout d'un certain temps (de quelques semaines à des décennies), on finit par ressentir un vide, un mal-être, l'impression de ne pas rouler sur ses propres rails, d'être devenu quelqu'un d'autre…

Et là, arrivent le malaise, la déprime, voire la dépression… jusqu'au clash parfois ! C'est souvent ce qui se passe au moment de la fameuse crise de la quarantaine, de la cinquantaine ou de la « mi-vie ». On prend conscience qu'il nous reste sans doute moins de temps à vivre que l'on en a déjà vécu ! Et que ce peu de temps est précieux ! On veut donc le vivre en profond accord avec soi-même. On fait alors éclater les faux-semblants, les attitudes et habitudes que l'on avait prises pour briller aux yeux des autres ou être « comme il faut », et les concessions qui ont fini par faire de nous le fantôme de notre propre vie.

Se reconnecter à soi, se retrouver, se ressentir, voilà la solution. C'est comme ça que l'on devient l'artiste de sa vie !

Pas toujours évident, surtout quand on a passé la plus grande partie de son existence à ne pas écouter son cœur, ni son moi profond.

Mais vous vous imaginez bien que si je vous en parle, c'est qu'il est possible d'y arriver. Car quelque part au fond de vous, que vous en ayez conscience ou non, vous savez ce qui est bon pour vous, vous savez ce que vous voulez et ce que vous ne voulez plus. Il faut juste retrouver le chemin de ce ressenti.

Réapprenez à vous écouter

Pour cela, votre « petite voix intérieure » vous sera bien utile. Vous la connaissez : c'est elle qui vous alerte en vous disant que cette idée est bonne ou mauvaise, ou que vous « sentez bien » cette personne – ou au contraire pas du tout !

Combien de fois avez-vous pris une décision puis vous êtes-vous rendu compte que ce n'était pas le bon chemin ? C'est alors que vous en avez pris conscience : « En fait, je le savais, je l'avais senti, la petite voix me l'avait dit ! »

Si cela vous est déjà arrivé, cela veut dire que oui, vous êtes plus proche de votre intuition que vous ne le pensez. Vous sentez les choses. Cette petite voix, vous l'aviez entendue !

À présent, il va falloir vous habituer à l'écouter un peu plus tôt, au moment où elle vient et, bien sûr, à en tenir compte. Elle va vous guider dans vos choix, dans les directions que vous allez prendre, mais aussi dans la recherche de votre mission de vie – qui sera beaucoup plus claire quand vous vous serez pleinement reconnecté à vous-même.

Votre mission de vie, on peut dire que c'est votre **Destin**, avec un grand D ! Ce pour quoi vous êtes sur cette terre et ce qui rendra votre existence complète et heureuse en vous accomplissant pleinement, tout en faisant du bien autour de vous.

Quand vous êtes en accord avec elle, vous vous alignez, vous vous exprimez profondément, vous déployez vos talents pour votre propre bien, mais aussi celui des autres. Quoi de plus épanouissant ?

Au contraire, vous détourner de votre mission de vie, c'est risquer de vivre une existence dans laquelle vous ne vous accomplissez qu'en partie, voire pas du tout.

Avez-vous remarqué que, quand vous êtes sur un chemin juste pour vous, les hasards de la vie sont là pour vous aider ? Comme si l'univers tout entier conspirait pour que vous puissiez accomplir au mieux votre mission.

En revanche, quand vous allez à l'encontre de vous-même, dans vos décisions ou dans la façon dont vous vous traitez, la vie s'arrange pour vous créer des embûches. Elles sont là pour vous faire comprendre que vous n'allez pas dans le bon sens… Mais pour cela, il faut accepter de bien vouloir entendre ses messages.

Je le répète car c'est important, votre mission de vie, c'est votre passion combinée à ce que, à travers elle, vous pouvez apporter aux autres. Cela peut être dans votre activité professionnelle comme dans une activité secondaire, peu importe.

Une fois votre mission de vie clarifiée, je vous propose d'en prendre le chemin, d'une manière ou d'une autre.

Trouvez le positionnement juste

S'aligner à sa mission de vie ne veut pas dire qu'il faut forcément tout envoyer balader ! Cela peut par exemple se mettre en place par de petits aménagements, comme mettre plus de sens dans ce que vous faites.

Si, par exemple, vous êtes passionné par votre métier de DRH d'une grande entreprise mais que celle-ci est dure avec ses employés, peut-être que votre rôle sera de trouver, sans enfreindre les règles, un moyen de les protéger, d'insuffler plus d'humanité dans le système.

Si votre grand rêve de jeunesse était de peindre et que vous avez tout arrêté pour vos études, peut-être que libérer un peu de votre temps pour vous reconnecter à votre art suffira à vous rééquilibrer.

Tout dépend de vous, et il y a autant de façons de faire que de personnes. Trouvez votre mode unique, car vous êtes unique. Personne d'autre que vous ne sait ce qui vous convient le mieux. Suivez votre passion, votre instinct, votre petite voix. **Et tentez des choses…**

Par exemple, pour la peinture, prévoyez un soir tous les quinze jours ou par semaine. Si ce n'est pas assez, libérez un week-end sur deux, rien que pour vous. Si ce n'est encore pas assez, prenez quelques jours de congé de temps en temps pour vous y consacrer. Pas encore assez ? Eh bien, pourquoi ne pas économiser, puis prendre quelques mois de congé sabbatique pour expérimenter cette vie d'artiste à laquelle vous aviez tant rêvé ?

C'est fou ? Pas tant que ça ! En tout cas, ce n'est sûrement pas impossible ! Vous aurez peut-être à renoncer à certains plaisirs matériels, mais si votre équilibre en dépend, le jeu n'en vaut-il pas la chandelle ? On ne vit qu'une fois, non ? Rappelez-vous que la plupart de vos limites, c'est vous qui les fixez !

Bien sûr, cela ne veut pas dire faire n'importe quoi, n'importe comment !

Si, dans le cas le plus extrême ici (mais il y a encore plus extrême, croyez-moi !), vous choisissez de prendre quelques mois de congé sabbatique pour vivre votre passion ou un rêve de toujours, veillez à avoir suffisamment d'argent ou de revenus durant cette période pour ne pas vous mettre dans l'embarras.

Veillez aussi, si nécessaire, à clarifier la situation avec votre entourage et, bien sûr, à assumer vos responsabilités (financières ou autres). Suivez-moi bien : vous n'avez pas à vous justifier (attention aux tentatives extérieures de chantage émotionnel !) mais à prévenir les personnes sur qui cela aura un impact direct et à trouver avec elles une organisation qui respecte tout le monde. Car l'idée n'est évidemment pas de devenir super égoïste et égocentrique, mais bien de vous écouter et de répondre en profondeur à vos besoins, tout en respectant les autres. Ce n'est pas la même chose et il est important que vous compreniez bien la différence.

De même, si l'objectif est de vous tester pour savoir si vous pourriez réellement vivre de vos passions, prévoyez des actions qui vous le permettront… Et n'attendez pas la dernière minute !

Pour y arriver, voici une astuce très efficace : **modélisez !** C'est-à-dire étudiez, en profondeur, comment font ceux qui connaissent le succès dans le domaine, et ceux qui échouent aussi. Suivez l'exemple des premiers et évitez les erreurs des seconds. Et n'hésitez pas à demander conseil. Tentez, améliorez votre stratégie, retentez, encore et encore, jusqu'à détenir une formule qui fonctionne pour vous. Bref, **donnez-vous les moyens !** Les choses n'arrivent pas par hasard, au gré du vent ! Alors, si vous voulez réussir dans ce que vous faites, engagez-vous pleinement.

La notion alignée de la « réussite »

Attention, réussir – selon ma définition – ne veut pas forcément dire devenir riche ou célèbre. Cela veut dire **atteindre la réalisation et l'équilibre personnels dans le plaisir** car ce sont les éléments essentiels de la vie !

Certains artistes ou dirigeants d'entreprise à qui tout semble réussir sont profondément seuls et malheureux. Certains vont même, au sommet de leur gloire, jusqu'à se suicider, tant leur détresse est profonde. Alors, sortez de l'illusion perpétrée par les médias et construisez votre propre définition de la réussite, basée sur votre équilibre personnel et non sur le bon vouloir des autres. Sinon, « réussite » ou pas, vous risquez d'être malheureux toute votre vie.

Et puis, sur le chemin, vous vous rendrez peut-être compte que le rêve que vous poursuiviez n'était pas ce que vous imaginiez et n'était finalement pas pour vous… Car nous sommes assez doués pour poursuivre des rêves qui ne sont pas les nôtres. Ne vous en faites pas, ce n'est pas grave du tout. Si cela vous arrive, cela vous permettra de mieux vous connaître, d'arrêter de courir après ce qui ne vous convient pas et de partir à la recherche de votre vraie passion profonde.

Ou bien, vous aurez la confirmation d'avoir trouvé votre voie ! C'est le plus beau des cadeaux que vous puissiez vous faire !

Rappelez-vous aussi que rien n'est grave, **vous avez le droit de vous tromper**. L'important est d'en tirer des leçons pour ne pas faire plusieurs fois les mêmes erreurs, et de vous enrichir de ces expériences pour faire des choix qui vous correspondront mieux encore.

Pour être sûr d'atteindre votre objectif, gardez-le en tête, quoi qu'il arrive ! Il est très facile de se laisser distraire. Vivez votre vie, profitez, passez du bon temps, mais ne lâchez jamais votre objectif. Il doit devenir votre raison d'être ! Il vous accompagne tout le temps, quoi que vous fassiez.

Restez connecté à la passion et au plaisir

Faites tout cela sans tension, et surtout dans l'enthousiasme et la passion… Car tout ce qui est pensé et fait avec passion et amour attire les énergies positives et vous apporte ce dont vous avez besoin pour le réaliser. **L'amour, le vrai, est la force universelle !**

Un autre élément absolument essentiel est de faire tout cela dans **le plaisir et la joie**. Vous connaissez la célèbre citation de Confucius : « Choisissez un travail que vous aimez et vous n'aurez pas à travailler un seul jour de votre vie. »

Si cela vous fait souffrir, c'est que soit vous vous mettez trop de pression, soit vous vous trompez de rêve.

L'idée est que votre chemin soit joyeux et ensoleillé, car ce chemin est votre présent. Il va vous mener au but, mais, en attendant, c'est ici et maintenant que vous vivez, et ce à chaque instant de votre existence et jusqu'à la fin. Alors, autant vivre ce voyage dans la joie et la bonne humeur !

Plus vous mettrez de plaisir et de joie dans la poursuite de vos objectifs, plus vous serez rempli d'une énergie positive et stimulante qui vous boostera dans la réalisation de vos rêves. Et plus, aussi, votre environnement vous sera favorable, et vous verrez que ce dont vous avez toujours rêvé viendra à vous !

Bien sûr, c'est vous qui insufflez l'énergie, par votre motivation, votre passion et vos actions cohérentes et ciblées. C'est donc vous, et personne d'autre, qui créez les conditions favorables pour que vos rêves se réalisent.

De plus, croyez fermement en votre objectif et soyez sûr qu'il se réalisera. Plus ce sera une évidence dans votre esprit, plus, là encore, les portes s'ouvriront.

En revanche, si vous pensez que vous ne pourrez pas réaliser votre rêve ou que vous ne le méritez pas, vous réduisez vos chances d'y arriver. Car, sur le chemin, vous construirez – consciemment ou inconsciemment – les embûches pour donner raison à vos croyances, nous en avons parlé dans le chapitre précédent.

Ainsi, si vous êtes fermement convaincu que c'est possible, vous aurez les yeux ouverts sur les opportunités qui se présenteront à vous, jusqu'à les créer, parfois même sans vous en rendre compte ! Et vous y arriverez, car telle est votre croyance !

Vous êtes en train de vous dire que tout cela est un peu facile, que si c'était aussi simple, ça se saurait ? Eh bien là, par cette croyance, vous êtes en train de vous créer votre propre limite, tout simplement !

Vous verrez, plus on y croit fermement, plus les choses se réalisent, c'est impressionnant ! Je peux en témoigner personnellement ! Alors, tentez, et ne vous découragez pas à la première occasion ! **Qu'avez-vous à perdre à essayer ?**

Si vous passez par des épreuves, considérez-les comme des tests de votre motivation et de votre passion. Et n'oubliez pas : **rien n'est grave !** Une difficulté est une information à traiter.

Un problème se présente ? Des tas de solutions sont possibles ! À vous d'utiliser votre intelligence et votre créativité pour choisir ou même inventer la plus appropriée.

Vous y arriverez et vous grandirez en chemin. Détachez-vous des peurs inutiles, croyez en vous et en la vie, et faites de votre présent un moment d'expérimentation positif et enrichissant. Ainsi, votre existence sera elle-même positive et enrichissante. Ne serait-ce pas déjà la base d'une vie réussie ?

« La vie est généreuse pour celui qui vit sa légende personnelle. »
Paulo Coelho, *L'Alchimiste*

EXERCICE

Trouver sa mission de vie

Questions de vie

✦ Qu'aimiez-vous faire passionnément quand vous étiez petit ?

....

....

....

....

✦ Aujourd'hui, que pouvez-vous faire pendant des heures, sans voir le temps passer ? Réfléchissez à l'activité que vous feriez sans être payé, juste par plaisir... et pour laquelle vous seriez même prêt à payer pour la réaliser, tant vous aimez la faire !

....

....

....

....

✦ Imaginez votre vie idéale : de quoi sont faites vos journées ? Par quoi commencent-elles ? Amusez-vous à visualiser cette vie idéale dans ses moindres détails (lieu de vie, activités, environnement, entourage, rythme, sensations...). Détaillez toutes les activités dont vous aimeriez qu'elle soit faite.
(Oubliez les réponses du genre « Ne rien faire ». Après un certain temps, vous tourneriez en rond, tant l'humain a profondément besoin de faire quelque chose de ses talents et de donner du sens à son existence.)

....

....

....

....

✦ De toutes ces réflexions mixées à vos passions et votre connaissance de vous-même, et sachant que vous pourrez en changer en cours de route si tel était votre souhait, quelle mission de vie semble se dégager pour vous ?

....

....

....
....

Mise en action

Vous venez de réfléchir à votre vie idéale. À partir de la liste que vous avez faite et des réflexions qui ont suivi, sélectionnez un à trois objectifs (un étant déjà bien pour commencer) qui vous semblent les plus simples à mettre en place et que vous seriez heureux de réaliser.

Pour chacun de ces objectifs, réfléchissez à un plan d'action et découpez-le en plusieurs étapes. Si une étape reste encore trop importante, divisez-la encore, jusqu'à ce que chaque étape vous semble accessible assez facilement. Tous les jours, réalisez une action par point en ce sens. *Tous les jours !*

Et, bien sûr, célébrez comme il se doit chaque pas en avant, puis reprenez la route, jusqu'à la réalisation finale de votre objectif.

✦ Objectif n° 1 :

....
....
....
....

- Étapes :

  ....
  ....
  ....
  ....

✦ Objectif n° 2 :

....

....

....

....

• Étapes :

....

....

....

....

✦ Objectif n° 3 :

....

....

....

....

• Étapes :

....

....

....

....

Un *feel good movie* inspirant

Docteur Patch, avec Robin Williams : l'histoire d'un homme un peu perdu, qui découvre sa mission de vie et retrouve du sens à son existence en soignant les malades avec une méthode gorgée d'humanité. Bousculant les techniques en cours, il se voit rejeté mais se battra jusqu'au bout pour faire triompher sa vision positive du monde et poursuivre sa mission.

✦ Imaginez, à l'instar du docteur Patch, en quoi la mission de vie que vous imaginez actuellement pour vous pourrait avoir un effet bénéfique tant sur vous que sur les autres :

....

....

....

....

CLÉ N° 6

Apprenez à poser vos limites

« J'ai arrêté de jouer le personnage d'Ulrika, j'étais épuisée. Les professionnels comme le public m'en ont voulu. J'ai reçu des lettres acides me disant : "Comment pouvez-vous vous permettre d'arrêter ce personnage ? C'est nous qui vous avons fait connaître à travers elle, et nous avons encore envie de la voir ! Comment pouvez-vous décider du jour au lendemain de l'arrêter ?" D'abord, je n'ai pas compris, puis j'ai été en colère, puis je m'en suis foutu car il faut avancer. Après, j'ai pensé à tous ces gens qui continuent de faire ce qui marche, non plus parce qu'ils en ont envie, mais parce qu'on leur demande. Je ne veux pas ça dans ma vie. »

Marianne James, chanteuse et comédienne

Sur le chemin de vos rêves, vers votre pleine réalisation, vous prenez mieux encore conscience de ce qui vous va et de ce qui ne vous va pas.

Si ce que vous vivez vous convient, c'est très bien, les feux sont au vert. Vous avancez sereinement vers votre objectif.

Et lorsque les choses ne vous conviennent pas, rien de grave. Dans l'idéal, vous en prenez sereinement conscience, vous apprenez de ce que vous expérimentez et vous faites évoluer ou changez la situation de manière qu'elle vous corresponde.

Pour arriver à **ce juste équilibre**, vous aurez à apprendre à poser des limites, à vous comme aux autres, et ce, à différents niveaux. C'est absolument essentiel !

La limite est le garant de votre sécurité et de votre bien-être. Elle doit être clairement posée quand ils risquent de ne pas être respectés.

Ainsi, quand des choses ne sont pas bonnes pour vous, au fond de vous, vous le sentez. Utilisez cette sensation de façon bénéfique : réfléchissez à l'intérêt que vous auriez à agir différemment et en veillant à être respecté. C'est ici que fixer des limites vous sera salutaire.

Vos limites physiques

Outrepasser vos limites, c'est par exemple vous faire du mal en buvant ou en mangeant trop. Ou encore en ne dormant pas assez ou en ne faisant jamais de sport…

N'oubliez jamais : **votre corps est le seul et unique véhicule** que vous aurez à vie, prenez-en soin. Ne pas le respecter, c'est ne pas *vous* respecter ! D'ailleurs, dans ces moments-là, une sensation désagréable naît en vous, puis vous regrettez et vous finissez par culpabiliser.

En revanche, quand vous vous faites du bien, vous le sentez aussi. Quand vous avez mangé sainement, quand vous vous êtes bien reposé ou quand vous êtes allé faire du sport, non seulement vous êtes mieux dans votre peau, mais en plus vous ressentez une profonde satisfaction.

Ainsi, réfléchissez à ce que vous voulez pour votre vie. Et rappelez-vous que si vous ne respectez pas votre corps, il y a de grands risques que lui-même ne vous respecte pas en retour !

Par exemple, en vous mettant des limites, parfois bien plus violentes (comme une maladie, un burn-out ou un accident) que celles que vous auriez pu fixer vous-même !

Cela ne veut évidemment pas dire que vous ne pouvez pas faire la fête jusqu'au bout de la nuit ou profiter d'un bon gueuleton de temps en temps. Mais si cela devient une habitude, déjà vous y prendrez beaucoup moins plaisir car ce sera devenu banal, mais en plus cela vous fera du tort à la longue. C'est ce que vous souhaitez vraiment ? Il est fort probable que non.

Sans oublier bien sûr le respect de votre corps, qui vous appartient, et dont vous êtes le seul à pouvoir disposer librement, n'en doutez jamais !

Voilà pour les questions physiques.

Vos limites intérieures

Il est absolument essentiel que vous respectiez vos besoins, vos valeurs, tout comme votre intégrité psychologique.

Par exemple, ce n'est pas se respecter que de laisser les autres vous faire des choses qui ne vous conviennent pas, tout comme dire oui alors que vous souhaitez dire non.

Vous recherchez sans doute à ce moment l'approbation ou l'amour de l'autre, ou vous avez peur de sa réaction si vous refusez. Mais si vous allez à l'encontre de vous-même, non seulement vous vous sentirez mal, mais en plus vous ne profiterez pas de l'occasion pour faire comprendre à l'autre ce qui vous va et ce qui ne vous va pas.

Ainsi, l'autre peut vous emmener là où vous ne souhaitez pas aller, simplement parce que vous n'avez pas communiqué

– alors que dépasser vos limites n'était pas du tout son intention à la base ! Avec, en plus, le risque de détériorer votre relation, car vous allez commencer à lui en vouloir.

L'autre, n'ayant pas eu d'alerte, recommencera peut-être. De la même façon, vous n'oserez à nouveau pas dire non, puisque vous avez précédemment accepté. Jusqu'au jour où vous exploserez et que l'autre ne comprendra pas. Eh oui, comme vous n'avez rien dit, il ne sait pas que cela ne vous va pas.

Parfois aussi, l'autre vous fait des demandes car il vous teste ou veut se décharger sur vous. Et ce, en usant même parfois de chantage émotionnel : « Mais comment oses-tu me dire non ? Tu ne m'aimes pas ? Tu ne me respectes pas ? » Et tout un florilège de psychodrames potentiels qui en découlent !

Si, à ce moment-là, vous ne mettez pas de limites et que vous dites oui alors que vous pensez un grand non, vous ne vous respectez à nouveau pas et, en plus, vous montrez à l'autre que lui aussi peut ne pas vous respecter et faire ce qu'il veut de vous.

On peut parier que cela ira de plus en plus loin. Et qu'évidemment, vous lui en voudrez. Et pire, c'est surtout à vous-même que vous en voudrez profondément de n'avoir rien dit, d'avoir eu un comportement lâche et de ne pas vous être fait respecter.

Tout cela est très mauvais pour votre propre estime, qui s'effrite un peu plus chaque fois que vous ne vous respectez pas. De plus, par votre passivité, vous créez et entretenez une relation bourreau-victime dont vous risquez de souffrir profondément.

Vous comprenez à présent l'extrême importance d'apprendre à poser des limites et de savoir dire non. Je sais que ce n'est pas facile au départ. On n'a pas envie d'être mal vu, pas apprécié ou d'être jugé comme quelqu'un de « pas sympa ». Et puis, de l'autre côté, le non peut être considéré par notre interlocuteur comme un rejet ou un déni – ce qui est, évidemment, le plus souvent une erreur d'interprétation de sa part.

Tout est une question de manière

L'important est donc de mettre des formes aux limites que vous posez.

Parce qu'un refus peut se faire en douceur, dans le respect de l'autre et même avec le sourire. En effet, vous pouvez expliquer gentiment, et en toute simplicité, que vous ne souhaitez pas faire ceci, ou que cela ne vous convient pas.

Et puis, si vous avez du mal avec le mot « non », savez-vous qu'il y a moyen de le dire sans le prononcer ? Il y a même moyen de dire « non » en disant presque « oui » !

Par exemple, vous pouvez dire d'un air adorable : « Ça aurait été avec plaisir mais, vraiment, je n'en ai pas le temps. » On court tous après le temps, c'est donc bien la première excuse recevable. Servez-vous-en !

De même, si votre patron vous demande de vous occuper d'une tâche alors qu'elle alourdit trop votre planning, vous pouvez répondre : « Oui, avec plaisir », et ensuite demander très cordialement de quelle autre tâche il souhaite vous décharger pour libérer le temps nécessaire à la nouvelle mission – autre méthode qui porte également ses fruits !

Et si, vraiment, vous ne savez que répondre, gagnez du temps pour réfléchir à la situation et affiner votre stratégie. Dites que vous répondrez sous peu, dans deux heures, le lendemain ou d'ici une semaine, en fonction de la situation. Eh oui, **vous avez le droit de ne pas répondre tout de suite**. Gardez bien cela en tête, ça va vous aider ! L'idée étant de ne plus jamais laisser qui que ce soit ne pas vous respecter, et vous-même en premier !

Poser des limites, ça s'apprend

Ne vous inquiétez pas, l'art de mettre des limites s'apprend.

Je suis moi-même passée par là. Je vais vous raconter une petite expérience qui m'a vraiment appris que ce n'est pas si compliqué que cela, et que c'est surtout très bénéfique !

J'avais une collègue, d'un autre service, qui avait repéré que j'aidais volontiers les autres. Elle venait donc régulièrement me demander de l'aider sur des tâches qu'elle aurait très bien pu faire elle-même et qui n'avaient pas de rapport avec mon travail. Mais elle n'avait tout simplement pas envie de les faire, ce dont je n'avais pas pris conscience au départ !

Je répondais donc à chaque fois présente car, en plus d'aimer aider les autres, je voulais être appréciée et que l'on reconnaisse mes compétences. Mais j'ai fini par me rendre compte que c'était surtout ma disponibilité qu'elle avait repérée ! Elle n'en avait rien à faire de reconnaître mes compétences. Et elle n'avait pas plus de scrupules à m'ajouter du travail, alors que j'en avais déjà bien assez comme ça !

Quand j'ai ouvert les yeux sur la situation, j'ai tout de suite mis au point une technique. Une fois de plus, elle est entrée dans mon bureau en trombe en me demandant si je pouvais l'aider sur un travail urgent (avec elle, tout était toujours « suuuuper urgent » !). Sachant qu'elle ne supportait pas d'attendre, je lui ai répondu très gentiment : « Cette semaine, c'est la folie, je suis sous l'eau, mais avec grand plaisir la semaine prochaine ! »

Je peux vous dire qu'elle est repartie aussi vite qu'elle était arrivée et que, comme par magie, elle a trouvé une autre solution. Elle ne pouvait pas m'en vouloir, j'avais dit oui ! Bon, j'avoue que je savais que le délai ne lui conviendrait pas, c'est pourquoi j'avais misé sur cette réponse. Il faut savoir s'adapter dans la vie ! ;)

J'ai donc adopté cette technique avec plusieurs personnes, et j'en ai même fait un jeu : trouver la réponse la plus pertinente en fonction de l'interlocuteur. Très amusant !

Bien sûr, je continuais à aider ceux qui en avaient vraiment besoin et ceux qui, à mon sens, le méritaient. Et j'ai été bien étonnée de constater que mon travail et mes interventions se sont vus beaucoup plus respectés, et moi en premier d'ailleurs !

Comme on dit, « ce qui est rare est précieux » ! Sachez vous faire plus rare, et on appréciera d'autant plus vos apports ! C'est fou, mais c'est comme ça que ça marche. Testez, vous verrez !

Vous comprendrez rapidement que **se respecter montre aux autres le chemin pour vous respecter !**

L'idée est donc de ne pas être une personne qui subit et qui se manque de respect. Apprenez à dire non quand vous sentez qu'une situation ne vous va pas. Gagnez du temps quand vous ne savez pas quoi répondre. Adaptez vos réponses et vos méthodes à vos interlocuteurs : elles doivent être bien amenées et acceptables par eux. Le but n'étant évidemment pas de vous apporter des problèmes !

Vous verrez qu'avec les bonnes formulations, vous vous sentirez fier de vous être respecté vous-même et d'avoir acquis, par un comportement adéquat, le respect des autres.

Cette technique à elle seule peut changer votre vie. Alors, tentez, testez et trouvez le mode qui vous convient le mieux. Et, surtout, amusez-vous !

« Il faut commencer par éprouver du respect pour soi-même : tout le reste suivra. »
Friedrich Nietzsche

EXERCICE

Savoir poser ses limites

Question de vie

✦ Faites la liste exhaustive des limites que vous ne respectez pas en vous et de celles qui ne sont pas respectées par les autres dans vos différents domaines de vie (par exemple, dans le domaine physique : nourriture, consommation Internet, temps de travail déraisonnable ; et dans le domaine psychologique [cf. limites intérieures] : rapport à l'employeur ou à des personnes spécifiques dans l'entourage, etc.).

....

....

....

....

Mise en action

Reprenez les situations que vous avez répertoriées ci-dessus. Pour chacune d'elles, cherchez des idées de nouvelles habitudes ou de réponses pour qu'elles soient dorénavant respectées (par exemple : pour éviter de manger trop, prévoir une activité sympa à faire après le repas et s'y mettre avant même d'avoir l'envie de se resservir ; pour passer plus de temps avec sa famille, bloquer ce créneau dans le planning comme si c'était un rendez-vous professionnel essentiel et non annulable ; pour répondre à un collègue pressant, utiliser l'argument du manque de temps…). Soyez créatif, ouvrez le champ des possibles.

✦ Notez ci-dessous l'idée créative de « meilleure réponse » que vous avez trouvée pour chaque cas.

……………………………………………………………

……………………………………………………………

……………………………………………………………

……………………………………………………………

Un *feel good movie* inspirant

Yes Man, avec Jim Carrey : l'histoire d'un homme qui expérimente la relation aux limites jusqu'à leur paroxysme !

✦ Rappelez-vous une expérience où vous n'avez pas du tout posé de limites et des conséquences négatives qui en ont découlé. Notez ici, après réflexion, les différentes options de réponses que vous auriez pu apporter pour les faire respecter.

....
....
....
....

✦ Réfléchissez à qui pourrait prochainement chercher à vous faire une demande non acceptable pour vous et à la meilleure réponse que vous pourriez apporter, en fonction de la personne et du contexte dans lequel vous vous trouverez. Notez la ou les meilleures réponses, parmi toutes celles imaginées, ci-dessous. Expérimentez dès que possible !

....
....
....
....

CLÉ N° 7

De bonnes habitudes pour réussir

« Ayant commencé à chanter tardivement et n'étant pas instrumentiste de formation, j'ai investi beaucoup de temps et d'énergie toute ma vie à énormément me préparer en amont, pour ne pas risquer d'être prise en défaut aux répétitions ou sur scène. »
Natalie Dessay, cantatrice internationale

Pour créer un terrain favorable à la réalisation de vos rêves, vous devez, entre autres, travailler sur vos croyances : le regard que vous portez sur vous-même, comment vous envisagez l'avenir, comment vous vous traitez, ou encore comment vous appréhendez les autres, la vie et ce qui peut vous arriver…

Toutes ces postures se sont figées en vous et ont petit à petit construit vos habitudes, de penser comme d'agir.

Qu'elles soient bénéfiques ou contre-productives, ces habitudes vous accompagnent tout au long de la journée et ont un réel impact sur votre vie. Par exemple, une personne qui a pris l'habitude de considérer positivement les choses trouvera sur son chemin beaucoup plus d'opportunités qu'une personne négative et fermée. De même, quelqu'un qui a pris l'habitude de faire du sport régulièrement aura une meilleure énergie et son corps fonctionnera d'autant mieux.

En revanche, celui qui a pris l'habitude de fumer dès son réveil ou de manger très gras et sucré nuira, au fur et à mesure, de plus en plus à lui-même. Et une personne qui se traite régulièrement de bonne à rien contribuera inconsciemment à ses échecs.

Or, de bonnes habitudes aident à avoir une vie plus alignée et satisfaisante. Dans la démarche que vous avez choisie pour vous rapprocher de vous-même, il semble donc évident que cultiver les bonnes habitudes est incontournable.

Je vous rassure tout de suite : ne pensez pas que vous devrez révolutionner votre vie ou devenir un autre pour améliorer votre quotidien. **Il suffit parfois de petits changements pour générer un réel impact sur votre vie tout entière.** Une petite goutte, chaque jour, finit par remplir le vase – ceci fonctionne d'ailleurs en positif comme en négatif !

Faites le point sur vos habitudes

Pour mettre les habitudes à votre service, il faut déjà être au clair avec elles. Pour cela, commencez par dresser la liste de vos habitudes en quatre colonnes :

- **1re colonne :** celles qui vous font le plus grand bien (comme votre séance de sport chaque semaine ou le fait de ranger régulièrement vos papiers).
- **2e colonne :** celles qui pourraient être renforcées, voire améliorées (par exemple, le fait d'aller au sport une fois sur deux, alors que vous pourriez aller à toutes les séances prévues).
- **3e colonne :** celles qui vous nuisent (par exemple, traîner quatre heures par jour sur les réseaux sociaux ou devant la télévision).
- **4e colonne :** les habitudes gagnantes, qui ne font pas encore partie de votre vie et que vous aimeriez mettre en place.

Vous trouverez à la fin de ce chapitre un tableau à remplir. Une fois le tableau complété, analysez-le.

Prenons la **1re colonne** (vos habitudes positives) : vous pouvez en être fier et vous féliciter car vous avez installé un rituel qui est bon pour vous. Bravo !

2e colonne (les habitudes qui pourraient être améliorées) : identifiez comment elles pourraient l'être d'une façon simple.

Par exemple, vous tenir aux séances de sport que vous aviez prévues, quoi qu'il arrive. Pour cela, usez de stratagèmes : faites du sport en groupe ou avec un ami, c'est plus motivant. Ou parlez autour de vous de votre souhait de régularité : vous irez, car vous serez gêné de dire aux autres que vous n'avez pas tenu votre résolution. Ou encore, prévoyez une séance de sport à l'heure du déjeuner ou à la sortie du boulot, sur le chemin du retour. Ce sera plus simple que de trouver l'énergie pour ressortir de chez vous. Et puis, rappelez-vous que l'on est toujours très heureux d'y avoir été après la séance, et connectez-vous à ce plaisir futur ! Et, bien sûr, choisissez une activité que vous aimez. Bref, trouvez le ou les trucs qui fonctionnent le mieux pour vous !

3e colonne (vos habitudes néfastes) : l'idée est de les remplacer par d'autres habitudes beaucoup plus bénéfiques pour vous, et pourquoi pas par l'une de celles que vous avez répertoriées dans votre quatrième colonne ?

En effet, la nature a horreur du vide. Si vous vous séparez d'une habitude sans en mettre une autre à la place, il y a fort à parier qu'elle reviendra rapidement remplir l'espace disponible. C'est important que vous intégriez cette notion.

Ainsi, si vous avez tendance à trop fumer, pourquoi ne pas remplacer au moins les cigarettes que vous fumez plus par automatisme que par plaisir ? Un grand verre d'eau fraîche, un coup de téléphone, vous lancer dans une activité ou une autre action simple à mettre en place détournera votre esprit de cet appel du moment qui vous est néfaste.

De même, si vous avez l'habitude de vous resservir durant les repas et qu'au final, vous en sortez souvent en regrettant d'avoir trop mangé, pourquoi ne pas prendre l'habitude de manger plus lentement et de prévoir quelque chose à faire de sympa, directement à la suite du repas ? Cela vous évitera de vous éterniser à table… et donc de vous resservir.

Si vous restez souvent pendant des heures devant la télévision sans rien faire, pourquoi ne pas ranger en même temps vos papiers ou faire votre repassage ? Ou vous pouvez même tout simplement prévoir à la place une autre activité, ou encore vous mettre une limite, par exemple une heure et demie maximum par jour ou trois fois par semaine seulement pour des programmes qui vous tiennent particulièrement à cœur, et profiter d'une autre activité plus constructive pour vous sur le temps libéré.

Au sujet des tâches qui font souvent l'objet de procrastination, c'est-à-dire celles que vous reportez indéfiniment : **adoptez une stratégie gagnante**.

Par exemple, prévoyez de faire vos comptes ou une tâche administrative qui ne vous passionne pas tous les lundis de 17 à 18 heures (à vous, évidemment, de trouver votre meilleur moment). Vous l'indiquez dans votre agenda, vous mettez une alarme et quand elle sonne, quoi que vous fassiez, vous vous y mettez immédiatement, sans vous trouver la moindre excuse !

Et, pour le plaisir, pourquoi ne pas le faire avec un fond de musique qui vous plaît particulièrement ? Ou, là aussi, vous motiver avec un ami qui est dans le même cas que vous ? Ou encore prévoir une pause agréable, ou une récompense, après avoir terminé cette activité ?

Votre attitude est décisive

Comme vous le voyez, il y a toujours des solutions et des idées à trouver pour agir sur ce qui vous pose problème. À vous d'utiliser votre créativité et de vous amuser à trouver des idées fun et sympas. Vous pouvez même en inventer sur mesure, en fonction de ce que vous aimez faire et de vos envies. Vous serez d'autant plus content de vous !

Ce qui est sûr, c'est que votre attitude déterminera votre réussite. Ainsi, donnez-vous à 100 % si vous voulez atteindre votre objectif à 100 %. Car espérer des résultats maximums quand on donne le minimum, c'est un peu comme croire au Père Noël ! Parce que si l'implication au « minimum syndical » peut éventuellement marcher sur un coup de chance, sur le long terme, votre vie finira par ressembler à votre taux d'investissement dans ce que vous faites. Ainsi, donnez le minimum, vous récolterez le minimum. **Investissez-vous au maximum, vous ferez des étincelles !**

De même, plus vous serez positif, plus vous recevrez du positif en retour. Et donc, ne perdez ni votre temps, ni votre énergie en pensées négatives car ce sont les pires habitudes !

En effet, les pensées négatives consomment énormément d'énergie psychique. Elles vous épuisent et vous font du mal, sans que vous vous en rendiez compte. Elles vous détournent de vos objectifs et de ce que vous mettez en place pour améliorer votre vie au quotidien. Avec un esprit habité par des pensées négatives, les choses n'avancent pas, rien n'est jamais bien et, au final, rien n'est possible. Vous pensez qu'avec cet état d'esprit, on peut évoluer de façon constructive dans la vie ? Bien sûr que non !

Quand vous entendez cette vilaine petite voix qui vous dit : « Tu as la flemme, laisse tomber » ou « Ce n'est pas grave, tu feras ça la prochaine fois » alors que l'action est importante pour vous, barrez-lui la route immédiatement ! Ne lui laissez pas le moindre espace, ne l'écoutez surtout pas et, au contraire, foncez directement, sans même y penser, sur ce que vous aviez prévu. Dès que vous allez faire quelque chose et que vous sentez monter des excuses ou une sorte de lourdeur, comptez jusqu'à trois et lancez-vous directement dans l'activité. Ce petit truc marche très bien, faites-en votre meilleur allié ! Et visualisez immédiatement tout le positif que cette action va vous apporter.

La pensée positive et des objectifs importants comme meilleurs alliés

Ainsi, pensez positif tout le temps ! Cela ne veut évidemment pas dire devenir un idiot illuminé… Cela signifie **développer le talent de déceler le positif dans tout** !

Car le merveilleux pouvoir de la pensée positive n'est plus à prouver. Ce n'est pas pour rien qu'il est mis en avant dans autant de livres de développement personnel. Ce pouvoir est à votre portée, alors choisissez consciemment de vous y plonger à chaque instant ! Cela vous prendra peut-être du temps d'effacer de votre esprit toute pensée négative et de ne plus y héberger que des pensées positives et bienveillantes. Mais vous verrez, quand vous y arriverez, que c'est une habitude d'une puissance phénoménale !

Pour renforcer votre envie de développer de bonnes habitudes, rien de tel que de les lier à des objectifs forts. Par exemple, si vous décidez de commencer vos journées par une séance de méditation ou de sport, reliez l'activité à votre objectif d'améliorer votre détente ou votre santé. Visualisez-vous une fois le résultat obtenu, en ressentant tout le plaisir et les bienfaits que cela vous apportera.

De même, si vous décidez de vous consacrer chaque jour pendant une heure à de la prospection pour votre activité professionnelle ou à des tâches administratives, sachez pourquoi vous le faites et en quoi cela vous rendra de grands services. Investissez-vous en ayant à l'esprit que vous faites quelque chose de bon pour vous et que cela vous apportera beaucoup de positif. Allez-y avec joie… Même si, aujourd'hui, cela peut vous sembler bizarre ou difficile à faire, vous verrez que dès que vous aurez connecté profondément le sens de cette tâche et ses conséquences bénéfiques, vous l'aborderez d'une manière bien plus constructive et agréable !

Plus votre souhait d'atteindre ce but sera fort et relié à un objectif vraiment important pour vous et votre vie, plus vous aurez de chances d'ancrer l'habitude efficacement.

On n'est pas là pour se faire du mal !

Voici un petit détail qui a toute son importance : **commencez en douceur**.

Par exemple, vous voulez apprendre une langue : vous avez

déjà essayé, mais au bout de trois leçons quotidiennes d'une heure, vous avez trouvé mille excuses et vous n'êtes jamais passé à la leçon n° 4… (C'est le coup classique !)

Au contraire, allez-y petit à petit ! Commencez par un petit peu tous les jours. Créez l'habitude. Vous aimeriez en faire plus ? Pas tout de suite. Avoir envie d'en faire plus et se limiter pour commencer fait perdurer l'envie et la motivation.

Voici la méthode : commencez par identifier votre objectif final réaliste (j'insiste sur le *réaliste* !). Par exemple, quinze minutes par jour. C'est peu, vous me direz ? Eh bien, si vous le faites tous les jours, sans exception, vous verrez que vous irez beaucoup plus loin que vos tentatives précédentes ambitieuses… mais avortées !

Ainsi, pour l'exemple de l'apprentissage d'une langue, la première semaine, fixez-vous cinq minutes seulement de travail quotidien. Ça ne fait pas grand-chose, mais déjà suffisamment pour commencer à créer votre nouvelle habitude bénéfique. Et puis, surtout, vous serez sans doute impatient de passer à l'étape suivante pour en apprendre un peu plus chaque jour. La semaine d'après, passez à dix minutes, et la suivante à quinze minutes.

Cela veut dire que, de semaine en semaine, vous augmentez progressivement, mais toujours légèrement, la durée de vos séances jusqu'à votre objectif final, tout en restant réaliste et léger pour vous et votre emploi du temps.

La répétition créant les automatismes, les trois premières semaines sont les plus importantes. En effet, les scientifiques ont démontré que **c'est en vingt et un jours que se crée une habitude**. Au bout d'un mois, la nouvelle bonne habitude devrait donc être bien ancrée et faire partie de votre routine quotidienne.

Vous l'avez compris, il vaut mieux prévoir des objectifs simples, légers mais réguliers plutôt que de grandes résolutions trop lourdes au quotidien – avec des excuses bidon pour justifier le fait que vous ne teniez pas vos résolutions, et comme conséquences, à la longue, une perte de confiance en vous et une image dégradée de vous-même…

De mon côté, j'ai trouvé un système simple et efficace pour que, chez moi, ce soit toujours rangé. En plus de remettre les choses à leur place au fur et à mesure, ce qui me demande peu d'efforts, j'ai adopté une technique : tous les soirs avant de me coucher et tous les matins avant de partir, je remets les choses à leur place. Cela me prend en général entre deux et cinq minutes, puisque je le fais régulièrement et qu'il n'y a donc pas grand-chose à ranger. Par conséquent, je vis toujours dans un lieu agréable et ordonné. Et ça, ça fait vraiment du bien !

De la même façon, quand je reçois une lettre, une facture, ou autre paperasse, j'ai pris l'habitude de la gérer tout de suite, si je peux, ou dès le lendemain, s'il faut attendre pour passer un appel ou me déplacer. Ainsi, je suis à jour, je ne risque pas d'oublier des choses importantes ou d'avoir des pénalités de retard à payer.

Cela me demande une petite impulsion, mais le plaisir de régler les choses tout de suite et ainsi d'éviter l'épée de Damoclès pesante et culpabilisante, qui rappelle inlassablement qu'il reste des choses à régler, vaut de l'or ! On vit tellement plus léger !

Vous voyez, ce sont de petites habitudes très simples qui ne demandent pas beaucoup d'efforts, mais qui peuvent réellement alléger votre vie. Elles vous permettent d'y voir plus clair et d'avoir l'esprit libre pour vous concentrer sur l'essentiel !

À présent, réfléchissez à ce qui vous gêne au quotidien et à la parade que vous pourriez mettre en place. Vous êtes suffisamment créatif pour cela, croyez-moi. Ensuite, faites-en une habitude. Rappelez-vous, il faut vingt et un jours pour qu'une habitude s'installe. Si vous arrivez à la maintenir sur cette durée, elle devrait s'ancrer une fois pour toutes. Bien sûr, n'oubliez pas de la relier à votre réelle envie d'y arriver et à ce qu'elle va vous apporter de mieux dans votre vie…

N'hésitez pas à impliquer les personnes concernées dans ce nouveau fonctionnement : une collègue, un ami, votre conjoint, vos enfants… Avec ces derniers, tentez une approche ludique. Ils vivent mal les contraintes, mais dès qu'il s'agit de jouer, ils sont le plus souvent partants. Ainsi, inventez de nouveaux jeux ! Petite, pour ranger ma chambre, ce qui n'était clairement pas ma passion, j'ai fini par trouver un mode motivant. Je me disais : « Maintenant, je range tout ce qui est bleu. Maintenant tout ce qui est en tissu… ». Et hop, ranger était devenu amusant !

Autre élément essentiel dans la mise en place d'une vie qui vous apporte ce que vous souhaitez : **ne lâchez jamais votre objectif, *jamais*** ! Sauf si, évidemment, vous vous rendez compte que vous vous étiez trompé d'objectif ou qu'il n'est plus d'actualité. C'est aussi être intelligent que d'accepter ses erreurs et d'en sortir pour trouver un meilleur chemin. Et ce n'est absolument pas grave.

Une foi inébranlable en la réussite de votre objectif

En dehors de cela, je le répète, ne lâchez jamais votre objectif ! Qu'il fasse partie de vous et que vous soyez profondément connecté à ce qui le rend essentiel pour vous.

Ne jamais lâcher, c'est vraiment le secret de la réussite dans tous les domaines. Si vous ne deviez garder qu'une idée, gardez celle-ci, notez-la et collez-la partout où votre regard se pose !

C'est sans doute ce qu'a fait James Dyson avec ses fameux aspirateurs. Durant cinq ans, il développe avec obstination son premier aspirateur, pour lequel il construit jusqu'à 5 127 prototypes ! De là, naît un nouvel aspirateur à la technologie révolutionnaire, le célèbre G-Force. Mais au début, personne n'en veut. Alors, plutôt que de renoncer, il trouve des solutions pour le produire lui-même, avec le succès qu'on lui connaît aujourd'hui ! James Dyson s'est battu à chaque étape, rien n'a été facile, mais il s'est accroché sans relâche à son objectif. Et au bout du compte, il a réussi son pari. Il est d'ailleurs aujourd'hui reconnu comme un des plus grands entrepreneurs britanniques. Comme quoi, ne jamais lâcher, ça paie !

J'ai encore quelques petites choses à vous dire avant de vous laisser partir à la conquête de vos nouvelles bonnes habitudes !

La première est un avertissement : **ne vous attaquez pas à dix habitudes à la fois** car, rapidement, vous ne sauriez plus où donner de la tête et vous risqueriez d'abandonner toutes vos bonnes résolutions au bout de quelques jours. Commencez par une à maximum trois habitudes à faire évoluer. Allez-y sereinement mais sérieusement, tout en y reliant le maximum de plaisir, je ne cesserai jamais de le répéter !

Laissez-vous du temps, soyez doux avec vous-même, mais ne trouvez pas d'excuses. Rappelez-vous que même la meilleure excuse du monde reste une excuse.

Vous pouvez vous mentir si vous le voulez mais, quoi qu'il en soit, c'est vous qui serez perdant. Vous perdriez en estime de vous, vous n'amélioreriez pas votre vie et vous ne vous rapprocheriez pas de votre objectif. Est-ce que c'est ça que vous voulez pour vous ? À vous de voir, mais j'imagine que non, sinon vous ne seriez pas en train de lire ce livre.

Au contraire, au fur et à mesure de vos avancées dans l'installation de vos bonnes habitudes et le remplacement des mauvaises, vous aurez la sensation de mieux appréhender votre vie, de mieux la gérer, ce qui va renforcer votre motivation et par conséquent vos résultats.

Autre point essentiel : **entourez-vous de personnes positives**, qui vous soutiennent et qui vous inspirent. Ne laissez personne démonter vos objectifs ou vous détourner de la mise en place de vos bonnes habitudes ! Vous êtes une personne spéciale, vous voulez atteindre vos objectifs et réussir à vivre la vie qui vous convient. Si quelqu'un tente de vous en dissuader, ne l'écoutez pas ! Cette personne vous parle sans doute de son manque de volonté ou de ses propres peurs. C'est son problème, pas le vôtre. En revanche, c'est votre résolution, et si vous voulez la mettre en place, c'est qu'elle est bonne pour vous. Donc, allez-y !

D'ailleurs, écartez-vous des réflexions décourageantes et ne laissez personne vous les infliger ! Si vous ne pouvez pas vous éloigner des gens qui ne vous soutiennent pas, vous pouvez tout au moins éviter d'aborder le sujet avec eux. Et s'ils ne peuvent pas s'empêcher de vous en parler, demandez-leur de vous laisser gérer votre vie comme vous l'entendez et de ne plus revenir dessus, car c'est essentiel pour vous. Ça s'appelle poser des limites, nous en avons déjà parlé !

Mieux encore, fréquentez des personnes qui ont réussi à installer de bonnes habitudes. En plus de vous montrer que c'est possible, elles vous inspireront dans l'atteinte de vos objectifs. Observez comment elles font, leurs attitudes, leurs habitudes, leur état d'esprit, leurs motivations, leurs résultats. Ne laissez rien au hasard. Une vision précise amène des résultats précis.

Pour terminer, chaque fois que vous estimerez avoir réussi à ancrer une nouvelle habitude positive, n'hésitez pas à vous récompenser comme il se doit.

Bien sûr, faites-le d'une manière cohérente et bonne pour vous ! Si vous êtes en plein régime et que, pour vous récompenser, vous mangez un énorme gâteau plein de sucre et de graisse, vous détruirez une partie du chemin réalisé. Ce serait plus que dommage. En revanche, offrez-vous un moment rien que pour vous, un bon roman, un bain délassant, un cinéma, une séance de massage, une balade dans la nature, un petit verre entre amis… à vous de choisir. Vous l'avez mérité, alors vous y avez bien droit ! Et puis, cela vous motivera pour l'étape suivante !

Ce n'est pas pour rien que **plaisir rime avec réussir** !

« Sème un acte, tu récolteras une habitude ;
sème une habitude, tu récolteras un caractère ;
sème un caractère, tu récolteras une destinée. »
Le dalaï-lama

EXERCICE

De bonnes habitudes pour réussir

Questions de vie

✦ Passez au peigne fin vos habitudes et classez-les selon le tableau en quatre colonnes décrit plus haut : bonnes habitudes, habitudes pouvant être améliorées, mauvaises habitudes, habitudes souhaitées.
Dans la quatrième colonne, indiquez les habitudes idéales que vous souhaiteriez mettre en place dans votre vie (inspirez-vous pour cela des habitudes gagnantes des personnes qui réussissent).

Bonnes habitudes	Habitudes à améliorer	Mauvaises habitudes	Habitudes souhaitées

✦ Entourez, dans les deuxième et troisième colonnes, une à trois habitudes à faire évoluer ou à remplacer (dont au moins une habitude issue de la colonne n° 3).

Mise en action

✦ Préparez votre plan d'action pour améliorer ou supprimer les habitudes néfastes. Remplacez-les (la nature ayant horreur du vide) par des actions bénéfiques pour vous, en intégrant si possible une ou plusieurs nouvelles habitudes souhaitées de la quatrième colonne. Attention, restez réaliste et n'hésitez pas à prévoir vos évolutions par étapes – et n'oubliez pas d'y inclure les notions de sens et de plaisir !

Remplacement des habitudes contre-productives – Plan d'action		
Habitude 1	**Habitude 2**	**Habitude 3**

Mettez en pratique vos plans d'action.

Un *feel good movie* inspirant

L'Incroyable Destin de Harold Crick, avec Will Ferrell et Emma Thompson : l'histoire d'un quarantenaire dont l'existence, aussi sécurisante qu'ennuyeuse, se voit soudainement bousculée. Il devra remettre en cause ses habitudes « anesthésiantes » et tout son fonctionnement pour s'aligner avec lui-même et se façonner la vie qui lui convient réellement.

✦ En quoi vous sentez-vous proche de ce personnage vivant « trop sur des rails » dans certaines de vos habitudes ?

....

....

....

....

CLÉ N° 8

Vivez ici et maintenant

« Le temps passe extrêmement vite. Ces cinquante ans de carrière, je ne les ai pas vus passer. On avance avec l'idée que l'avenir est plus important que le présent, et tout s'enchaîne. Mais, finalement, ça nous empêche de profiter de l'instant présent. On n'est pas assez attentif à la vie du moment. »
Alain Chamfort, chanteur

En développement personnel, on parle beaucoup du **moment présent**. Et pour cause, votre vie se déroule uniquement là où vous la vivez, et au moment où vous la vivez : ici et maintenant. Hier est passé et n'existe plus. Et demain sera toujours demain. Jamais vous n'arriverez à vivre demain, car au moment où vous l'atteignez, il est devenu maintenant !

Donc quoi que vous fassiez, vous serez toujours dans le moment présent, impossible d'y échapper. Alors, autant le vivre pleinement !

Le passé

Cependant, certains vivent accrochés à leur passé. Pourquoi ?

Le passé, c'est ce qui vous a construit. C'est avec ce que vous avez vécu, ce que l'on vous a renvoyé de vous, ce que vous avez cru comprendre aussi, que vous avez façonné la personne que vous êtes et l'image que vous avez de vous. Le passé vous ramène donc à **des moments que vous ne revivrez plus jamais**.

Mais pour certains, se raccrocher au passé, c'est espérer pouvoir peut-être encore y changer quelque chose. Réécrire en mieux une histoire qui ne s'est pas forcément déroulée comme ils l'auraient souhaité.

C'est ainsi qu'un adulte qui a eu des parents peu aimants se tournera souvent, sans s'en rendre compte, vers un compagnon peu affectueux. Son but inconscient étant de trouver enfin, à travers cet autre, une issue heureuse à son histoire initiale qui l'a tant fait souffrir. Malheureusement, il n'y arrivera pas puisqu'il choisit quelqu'un qui, comme ses parents, est incapable d'aimer.

Il en est de même avec les enfants battus qui trouvent des compagnons qui les battent, des enfants d'alcooliques qui se tournent vers des alcooliques, etc. C'est toujours le même scénario : on espère refaire l'histoire, mais avec une fin qui nous convient cette fois… et bien sûr, cela ne marche pas.

Réfléchissez à votre situation. De quoi avez-vous manqué quand vous étiez petit ? Ne le chercheriez-vous pas indéfiniment à travers des relations, sans jamais y trouver ce dont vous avez besoin puisque, justement, les personnes que vous avez choisies en sont incapables ? Il est en tout cas intéressant de se poser la question.

Le futur

De l'autre côté, il y a les personnes qui vivent la tête tournée uniquement vers le futur. Pourquoi agissent-elles comme cela ?

Le futur représente **le champ des possibles**. C'est une fuite en avant.

Je suis très bien placée pour en parler. J'ai grandi dans une famille dysfonctionnelle et coupée de ses émotions. Je me sentais seule et incomprise. Mon ici et maintenant n'était pas très heureux, même s'il y a eu des moments de joie, bien sûr. Mais au quotidien, je ressentais un mal-être dont j'ai plus ou moins réussi à me sortir à l'époque en me disant qu'un jour, moi aussi, comme les personnages des films que je voyais à la télévision, je serais heureuse.

À partir du moment où je me suis mis cela en tête, je devais avoir 11 ans, je me suis mise à travailler et à tout faire pour me préparer un meilleur avenir. Plus rien n'avait d'importance, je ne pensais qu'à demain, j'étais incapable de vivre l'instant présent. Au cœur des bons moments, j'étais impatiente d'être à demain, je ne savais absolument pas profiter. Cela a duré plus de quinze ans, vous imaginez ?!

Et puis un jour, j'ai compris que ce fameux *demain* pour lequel je vivais, où je serais soi-disant enfin heureuse, serait toujours demain. Cela veut dire que si je n'apprenais pas à intégrer le présent, à vivre ici et maintenant, je passerais sans doute à côté des choses essentielles de ma vie et je ne pourrais jamais réellement trouver le bonheur et la plénitude.

Alors, j'ai commencé à lâcher prise et à intégrer le moment présent. Je vous avoue que cela ne s'est pas fait en un jour ! Mais, petit à petit, j'ai appris à apprécier le moindre détail : un rayon de soleil qui passe et me réchauffe le visage, un moment de calme, le sourire d'un enfant dans une file d'attente, une jolie musique… Et même le plaisir de se sentir bien, de se réveiller le matin en n'ayant mal nulle part, d'être au chaud quand il fait froid dehors, de profiter de chaque seconde avec les gens que l'on aime… Tout cela est absolument merveilleux !

C'est important d'en avoir conscience.

Entraînez-vous à ressentir profondément chaque instant et à habiter pleinement votre corps, dans le calme et la sérénité. Ressentez vos propres vibrations, développez cette sensation d'être présent, d'être une partie d'un tout qui est cette communauté d'êtres humains réunis sur cette planète. D'avoir la chance d'être en vie, tout simplement ! Car votre vie n'est-elle pas à elle seule un vrai miracle ?

Gratitude et calme intérieur

Cette prise de conscience, faite de gratitude et de calme intérieur, apporte beaucoup de bien-être et de sérénité. Elle permet de voir plus clair dans sa vie et de se sentir plus aligné.

Pour vous connecter à vous-même et entrer dans ce mode, détendez-vous et adoptez une respiration lente et régulière. Sentez l'air que vous inspirez investir chaque cellule de votre corps et lui apporter détente et sérénité…

Ainsi, commencer ou même finir votre journée par des exercices de respiration, le corps détendu, les yeux fermés, en faisant le vide dans votre esprit ou en vous concentrant sur la gratitude ou l'amour, vous fera le plus grand bien.

La médiation, qui est l'étape suivante, a des effets bénéfiques prouvés sur le calme, le bien-être et même la santé ! Je ne peux que vous encourager à la pratiquer au quotidien. De nombreux articles disponibles sur Internet expliquent comment s'y mettre.

La durée idéale d'une séance de méditation pour un non-initié est de quinze à vingt minutes, mais si c'est trop pour vous, ne vous forcez pas. Commencez alors par une séance de cinq minutes, en ajoutant une minute chaque jour, par exemple, jusqu'à atteindre quinze minutes – ou plus si vous le souhaitez. Et pour cela, bien sûr, trouvez un endroit calme où vous ne serez pas dérangé.

Vous pouvez mener vos séances en toute autonomie, avec ou sans musique. Si vous préférez commencer en étant guidé, ce qui peut être plus simple quand on n'en a pas l'habitude, vous trouverez de nombreuses méditations guidées à l'achat et même en accès libre sur Internet.

Durant les trois prochaines semaines, méditez tous les jours, sans la moindre exception ni excuse, à l'heure de votre choix (idéalement toujours la même heure pour créer un rendez-vous avec vous-même). Levez-vous un peu plus tôt, s'il le faut. C'est pour votre bien-être, cela en vaut la peine.

La méditation vous aidera non seulement à vous sentir mieux, mais aussi à prendre un juste recul sur les événements de votre vie et à vous ancrer plus profondément dans l'instant présent. Il est finalement tout ce qui compte, car il est tout ce que l'on a !

Le passé et le futur n'existent pas

Comme je vous le disais, **le passé est passé, il n'existe plus**. Et s'il existe encore en vous, c'est que vous vous y accrochez. Peut-être parce que c'est la seule chose que vous connaissez, alors cela vous maintient dans une certaine forme de sécurité. Pourquoi pas, s'il vous fait du bien. Mais s'il vous empêche d'avancer dans votre vie, s'il vous fait souffrir ou vous met en difficulté dans vos rapports avec les autres, lâchez tout ça !

Encore des pierres qui ne vous appartiennent pas, qui alourdissent votre sac à dos. Une fois de plus, vous n'avez pas à les porter, alors débarrassez-vous-en !

Et, s'il vous plaît, pas de culpabilité mal placée. Si quelqu'un vous fait du chantage émotionnel avec le passé, refusez cette emprise. Car le chantage émotionnel est inacceptable et pervers. Il sert à vous maintenir sous domination.

Vous avez le pouvoir de ne pas tomber dans le piège, alors n'hésitez pas une seconde et vivez libre et léger la vie qui vous convient ! Et laissez aux autres leurs propres responsabilités, limites ou peurs : ce sont les leurs, pas les vôtres.

Et si vous refusez d'en sortir, c'est que, d'une certaine manière, cette situation vous convient. Ce n'est pas facile, je le sais, mais cela ne dépend que de vous. Donc si vous y restez, soyez conscient des conséquences et ne vous en plaignez pas car, là, c'est vous qui feriez du chantage affectif. C'est mauvais pour tout le monde et cela ne résout rien, bien au contraire !

Quant au futur, il n'existe pas non plus.

Pourtant, notre société nous pousse sans cesse à craindre l'avenir : les parents projettent sur leurs enfants leurs peurs et les leur transmettent. Les médias ne cessent de nous rapporter les pires horreurs de ce monde et les menaces qui nous pendent au nez, mais oublient de nous en montrer toute la beauté et les initiatives qui contribuent à l'améliorer. **On finit par vivre dans la psychose et la peur de tout.**

La prolifération d'assurances de toutes sortes prouve bien que la peur est devenue un mode de vie. Même quand vous achetez un livre en occasion sur Internet à trois euros, on vous propose parfois une assurance… à deux euros ! Quasiment ce que vous payez pour le livre ! C'est du grand n'importe quoi !

Alors, bien sûr, il faut savoir anticiper et se protéger des aléas de la vie, mais restons réalistes et raisonnables.

À cause de cette peur ambiante, nous passons notre temps à fantasmer sur les pires scénarios qui pourraient nous arriver, quelle que soit la situation : un entretien à passer, un changement à opérer dans la vie, une opportunité à saisir et même un inconnu à qui parler… Beaucoup n'y vont pas, par peur. Peur de ne pas y arriver, d'être rejeté, d'être jugé, de ne pas être aimé, d'échouer, peur de tout et de rien… On en finit même par avoir peur d'avoir peur !

Mais le plus grand échec n'est-il pas de ne pas essayer ? Passer à côté de sa vie parce que l'on n'a pas osé, est-ce que ce ne serait pas ça, le plus grand risque ?

Et puis, pourquoi imaginer les pires scénarios ? On peut aussi se projeter dans un scénario de réussite, c'est beaucoup plus rassurant et motivant ! D'ailleurs, la plupart de nos scénarios catastrophe ne se réalisent pas, vous avez remarqué ? Que de souffrance pour rien, que d'énergie perdue, que d'opportunités manquées ! N'avez-vous pas envie d'en finir avec tout ça, et de vivre profondément bien votre présent, avec une sensation positive par rapport à l'avenir ?

Demain se construit aujourd'hui

De toute façon, **l'avenir se construit dans le présent**. C'est chaque pas que vous faites ici et maintenant qui trace votre chemin. Donc, si vous voulez un avenir radieux, vivez un présent radieux.

Comme le disait le philosophe chinois Lao Tseu : « Le but, c'est le chemin. » C'est en effet ce chemin vers votre but qui est le plus important… car c'est là que se déroule votre vie ! Ici et maintenant – on y revient !

Si vous ne réussissez pas vos objectifs du premier coup, ce n'est pas grave, cela fait tout simplement partie du chemin.

Et s'il vous faut essayer deux fois, dix fois ou même cent fois avant d'y arriver, n'en faites pas toute une histoire. L'essentiel est d'avoir appris à chaque étape. Vous vous êtes enrichi, vous avez vécu des expériences, rencontré des gens, bref, vous avez grandi. Ça vous sera de toute façon beaucoup plus profitable que de rester calfeutré chez vous à vous dire que vous auriez dû ou pu faire ceci ou cela. Il n'y a rien de pire que les regrets !

Thomas Edison, l'inventeur américain, a dû s'y reprendre plus de mille fois avant de réussir à inventer l'ampoule électrique. Il disait : « Je n'ai pas échoué mille fois. J'ai simplement découvert mille façons de ne pas faire une ampoule électrique. » Voilà une attitude constructive et gagnante !

Ainsi, **libérez-vous de la notion d'échec**. Les seuls échecs seraient de ne rien tenter (et de rester avec ses regrets) ou de faire et refaire toujours la même erreur sans rien apprendre. Ça, c'est du gâchis. En revanche, chaque fois que vous ne réussissez pas quelque chose comme vous le souhaitiez, c'est une nouvelle occasion d'apprendre.

Posez-vous simplement, et sans psychodrame, les bonnes questions : qu'est-ce qui n'a pas fonctionné ? Que dois-je faire différemment pour obtenir un résultat différent ? Comment font ceux qui réussissent ? Que puis-je apprendre d'eux pour faire mieux la prochaine fois ?

Et puis, dans la vie, il arrive aussi des événements que vous n'aviez ni prévus ni souhaités. Alors, soit vous pouvez y changer quelque chose et c'est à vous de vous retrousser les manches pour améliorer votre situation, soit vous ne pouvez rien y faire et il vous reste donc à l'accepter. Attention, cela ne veut pas dire subir, cela veut dire trouver quoi en faire. Quel est le message caché derrière ce qui arrive ? Comment faire pour que cela ne se reproduise plus ? Dois-je changer d'attitude, ou peut-être même de cadre ?

Quand on a ce genre de raisonnement, même les aléas les plus négatifs peuvent faire avancer !

Reprenons ce fameux « terrrrible » exemple : votre employeur décide de se séparer de vous. N'est-ce pas le moment de faire un bilan ? Qu'est-ce qui a marché et n'a pas marché ? Qu'auriez-vous besoin d'apprendre pour ne plus vivre ce genre de situation ? Qu'est-ce que vous voulez, et qu'est-ce que vous ne voulez plus ? Quelle activité ou quel type d'entreprise serait votre idéal ? C'est le moment de mettre en place des actions qui vous mèneront à une situation professionnelle qui vous conviendra mieux – et donc l'occasion d'être plus épanoui au final !

Combien de personnes dans ce cas ont fini par trouver un meilleur emploi dans une entreprise qui leur correspond mieux, voire par monter leur propre business dans lequel elles s'épanouissent beaucoup plus que précédemment !

Connectez-vous à l'essentiel

Vivre ici et maintenant, c'est aussi et surtout savoir se connecter à l'essentiel. Pour ce faire, il faut bien sûr avoir conscience de ce qui est essentiel.

Croyez-moi, l'essentiel ne se cache ni dans les richesses, ni dans les titres pompeux, ni dans la masse d'objets que vous aurez accumulés dans votre vie et que vous n'emporterez de toute façon pas avec vous au paradis.

L'essentiel est dans l'humain : les moments d'échange et de partage, d'amour, de complicité, de rires, d'écoute, de soutien… Nous sommes tous interconnectés. Les autres sont en quelque sorte une partie de nous-même, nos frères et nos sœurs partageant notre belle planète et aspirant tous à être heureux, tout simplement. Nous approfondirons le sujet dans le prochain chapitre.

Ainsi, réfléchissons à toutes ces choses que nous amassons sans cesse : vêtements, sacs, chaussures, bijoux, objets de déco, mobilier, électroménager, matériel électronique, voitures… Nos vies sont encombrées d'objets qui nous prennent de la place, de l'argent, du temps et qui sont, au fond, une sorte d'enfermement, de prison dans notre vie.

En effet, plus on accumule, plus cela nous coûte de l'argent, plus cela nous prend du temps pour ranger, plus nous avons besoin de place pour stocker. De plus en plus de gens louent même des lieux pour stocker des choses qu'ils n'utilisent jamais. Tout cela pollue notre quotidien et notre espace vital… Est-ce bien utile ?

La possession ne comble rien

L'accumulation à outrance répond à la tentative de combler notre vide intérieur. Plutôt que de travailler sur nous, de développer nos relations aux autres, de contribuer à la richesse humaine du monde, nous nous renfermons sur nous-même et tentons désespérément de combler notre mal-être. On achète de nouveaux vêtements, le dernier smartphone en vogue, un nombre incalculable de DVD… Cela fait monter notre taux de dopamine, l'hormone du plaisir (qui est la même que celle en cause dans les addictions aux drogues, à l'alcool…). Le problème, c'est qu'une fois que la sensation est passée, on se retrouve à nouveau vide et on repart en quête d'une nouvelle chose à acheter pour essayer de calmer ce mal-être qui revient sans cesse. C'est un puits sans fond qui ne rend absolument pas heureux, vous le savez très bien.

Un nouveau courant apparaît actuellement : les minimalistes (voir « Minimalism: A Documentary About the Important Things », le documentaire de Joshua Fields Millburn et Ryan Nicodemus). Ils prônent une vie basée sur l'essentiel et donc incluant le strict minimum d'objets : quelques vêtements de qualité correspondant à nos réels besoins, quelques objets pour vivre… et c'est tout. Cela peut sembler fou, mais les personnes – de plus en plus nombreuses – qui adoptent ce mode de fonctionnement (et qui viennent pour la plupart d'un monde hyper matérialiste) se disent bien plus heureuses, se sentent plus libres et plus légères, débarrassées de la quantité d'objets qui envahissaient leur quotidien et de nombreuses préoccupations. Elles ont choisi de se recentrer sur ce qu'elles estiment de loin le plus essentiel : l'humain, et non plus les objets.

Je ne suis pas en train de vous dire de tout jeter chez vous, mais posez-vous seulement la question : ne suis-je pas piégé par toutes ces choses que nous vendent (par tous les moyens possibles, visibles ou non) les publicitaires ? Ne suis-je pas une victime de ce système qui m'a entraîné loin de moi et de ce qui est essentiel pour moi ? C'est une question importante qui mérite d'être posée.

Ainsi, si vous voulez tenter l'expérience, je vous propose de faire le tour de chez vous et de mettre de côté tous les objets, vêtements, accessoires… que vous n'avez pas utilisés depuis un an ou plus. Ensuite, soit vous les donnez, vous les vendez ou vous les transformez, soit, si vous n'êtes pas tout de suite prêt à passer à l'étape suivante, vous les mettez dans un sac fermé, dans une cave ou un grenier. Si, dans six mois ou un an (à vous de choisir), vous n'y avez toujours pas touché, débarrassez-vous-en, sans rouvrir le sac pour éviter d'être tenté d'en ressortir une partie. Ils ne font qu'encombrer votre quotidien et ce délai sans y toucher vous a bien prouvé qu'ils ne vous servaient à rien. Tentez l'expérience, cela vaut le coup !

Un nouvel état d'esprit

Évidemment, s'ancrer dans le moment présent, avoir suffisamment de recul sur les choses, alléger sa vie psychologiquement comme matériellement ne se fait pas du jour au lendemain. Cela demande une vraie réflexion, de la motivation, des actions judicieuses, voire de nouveaux apprentissages. Ils vous aideront à évoluer dans la direction qui vous convient. Vous pouvez également vous faire accompagner par un coach qui vous guidera sur ce chemin vers de nouvelles opportunités !

Par ailleurs, rappelez-vous que même les événements les plus difficiles peuvent vous apporter un positionnement plus optimal. Même la pire des nouvelles qui soit, qui est de perdre un proche. Bien sûr, cela ne vous ramènera pas la personne et votre tristesse ne s'effacera pas du jour au lendemain. Mais ce triste événement vous aidera à prendre conscience de la préciosité de votre vie et de celle de vos proches. Et peut-être même à redéfinir vos priorités pour vivre encore plus pleinement et en phase avec vous-même et ceux que vous aimez.

La meilleure façon de voir la vie est de la prendre comme un grand terrain de jeu où l'on s'amuse à tenter des choses pour atteindre ses objectifs, évoluer, grandir et s'enrichir d'expériences les plus intéressantes possibles, chaque jour, tout en essayant de contribuer, à sa manière.

Ne passez pas à côté de vos rêves, investissez-vous pleinement, avec passion, pour vivre la vie la plus riche qui soit, dans laquelle vous vous épanouissez intensément, dans de belles relations avec les autres !

Tout cela ne se passe ni hier ni demain, mais bien **aujourd'hui**. Et c'est en intégrant pleinement la conscience du moment présent, en vous déchargeant des poids inutiles du passé ou des objets, en vous détachant du futur – qui sera toujours le futur –, que vous réussirez à trouver le juste équilibre, celui qui vous permettra de déployer vos ailes et de vous envoler libre et léger vers la vie qui vous convient pleinement, ici et maintenant.

« Hier n'existe plus. Demain ne viendra peut-être jamais.
Il n'y a que le miracle du moment présent.
Savoure-le. C'est un cadeau. »
Eleanor Roosevelt

EXERCICE

Vivre ici et maintenant (et se libérer du passé et du futur)

Questions de vie

Réfléchissez à votre positionnement par rapport au passé et au futur.

✦ En quoi le passé a-t-il actuellement trop d'emprise sur votre vie ? Donnez des exemples concrets. Qu'aimeriez-vous à la place, en mode « je vis le moment présent » ?

....

....

....

....

✦ En quoi le futur prend-il trop d'importance dans votre vie ? Donnez des exemples concrets. Qu'aimeriez-vous à la place, en mode « je vis le moment présent » ?

....

....

....

....

Mise en action

Pratiquez quinze minutes de méditation chaque jour durant trois semaines au minimum (et continuez après cette période si vous y prenez goût). Trouvez le moment le plus propice pour vous : le matin tranquillement avant de commencer votre journée, le midi si vous pouvez vous isoler au calme, le soir avant de vous endormir...

Vous trouverez des guides de méditation sur Internet qui vous en expliqueront les rudiments. Pour commencer, si vous le souhaitez, vous pouvez suivre des méditations « guidées ». Elles durent en général dix à vingt minutes et abordent différents thèmes : nettoyage énergétique, relaxation, lâcher-prise, bienveillance, aide au sommeil... Il existe également de plus en plus d'applications dédiées à la méditation très bien faites.

✦ Après quelques jours de pratique, indiquez ici les premiers bienfaits que vous apporte cette nouvelle habitude :

....

....

....

....

Un *feel good movie* inspirant

Le Cercle des poètes disparus, avec Robin Williams : l'histoire d'un professeur hors norme qui enseigne à ses élèves l'art d'être profondément eux-mêmes et de profiter pleinement du moment présent.

✦ Que vous inspire ce film à propos de l'idée de profiter de chaque instant ?

....

....

....

CLÉ N° 9

La relation aux autres

« Je me considère comme un homme pont,
un homme passerelle.
Je cherche comment on peut faire
en sorte de faire lien, de faire peuple.
Aujourd'hui, plus que jamais, on doit avancer tous ensemble et profiter de l'opportunité pour remettre l'humain au centre, pour parler d'esprit, de solidarité, d'empathie. »
Abd al Malik, auteur et rappeur

Nous sommes des êtres sociaux. Quoi qu'il arrive et quoi que nous fassions, nous sommes entourés par les autres et nous vivons avec eux.

Le rapport aux autres est d'une richesse infinie. Avec eux, vous pouvez échanger de l'écoute, de la compréhension, de la douceur, de l'amour… mais aussi de la connaissance, des conseils, des services, et bien plus encore. Ce sont tant de moments précieux qui vous font du bien et qui vous rappellent combien les autres sont une des plus grandes richesses de votre vie.

Les autres vous montrent aussi le chemin. Ceux qui réussissent vous prouvent que c'est possible. Vous avez un rêve ? Étudiez comment d'autres ont réussi dans la même voie. Ajoutez-y votre créativité, votre savoir-faire et votre personnalité, vous y arriverez à votre tour.

Voilà de nombreuses raisons, parmi tant d'autres encore, pour lesquelles les autres sont précieux. Mais il n'y a pas que dans l'harmonie qu'ils sont un vrai cadeau.

Un cadeau caché

Car les autres vous renvoient, tels des miroirs, tous les messages, conscients et inconscients, que vous émettez. En vous faisant réagir quand leur comportement vous énerve, par exemple, ils vous montrent ce avec quoi vous n'êtes pas en paix et ce sur quoi vous devez travailler, si vous voulez vous en libérer. Ainsi, en y étant attentif, vous arriverez à mieux vous comprendre vous-même et à avancer vers plus d'alignement.

Tout ce qui n'a pas fonctionné avec l'autre, ou dans votre vie, est l'occasion d'essayer de comprendre ce qui s'est passé et de trouver un meilleur positionnement.

L'idée est de mettre en place un fonctionnement qui vous correspond et qui vous respecte pleinement, tout en agissant de manière plus judicieuse, et ce, afin de **vivre la vie dans laquelle vous vous sentez bien**, tout le temps.

Les autres vous obligent également à vous positionner. À mieux comprendre ce que vous voulez et ce qui vous va – ou pas. Car, quand vous êtes dans le flou, vous ne placez pas clairement vos limites. Il arrive donc qu'elles soient franchies par les autres avec pour conséquence des situations qui ne vous conviennent pas.

Encore une fois, cela dépend à la base de votre propre positionnement, et non de celui de l'autre. C'est donc de votre *responsabilité*. C'est un peu comme avec les enfants : tant que vous ne posez pas les limites, ils gagnent du terrain. Dès que vous les posez, clairement et sans possibilité de les dépasser, ils s'adaptent et adoptent un positionnement qui respecte le cadre que vous avez établi.

Ainsi, quand quelqu'un ne vous respecte pas, c'est que vous lui avez montré le chemin du non-respect en ne vous respectant pas vous-même, que vous en ayez conscience ou pas ! Eh oui, le non-respect de l'autre n'est que le miroir du non-respect que vous avez pour vous-même ! Cela vous étonne ?

« L'enfer, c'est les autres », disait Sartre. Exactement, mais il s'agit de l'enfer que vous vous infligez à vous-même et que les autres vous renvoient en miroir…

En prenant conscience de votre responsabilité dans ce que vous vivez, vous apprendrez à modifier votre positionnement et à vous respecter. Et c'est là que vous obtiendrez le respect des autres… Vous vous créerez ainsi une vie dans laquelle vous vous sentirez respecté, aligné et à votre place. N'est-ce pas tellement plus désirable ?

Posez des limites en tenant compte des autres

La principale préoccupation de la grande majorité des gens, c'est eux-mêmes. Ils se concentrent sur leur propre manière de voir les choses et ont peu tendance à considérer celles qui diffèrent.

Or, **la clé de la sérénité est de sortir de soi**. C'est d'apprendre à se mettre à la place de l'autre. Et ça, c'est tout à fait compatible avec le fait de répondre à ses propres besoins en plaçant les limites nécessaires.

Que cherche l'autre, au fond ? De l'attention, de la reconnaissance, un sentiment d'importance… et, en réalité, de l'amour ! De l'amour, dans le sens de la reconnaissance de son être comme personne ayant de la valeur.

Dans cette quête effrénée, on en oublie les autres et on ne pense plus qu'à soi, qu'à ses manques. Et plus on y pense, plus on les renforce. Alors, pourquoi ne pas inverser la tendance ?

Vous l'avez d'ailleurs sans doute déjà expérimenté : plus on donne de l'amour inconditionnel (et non pour réparer ses propres manques), plus on en est rempli. Bref, plus on donne, plus on a – étonnant, mais c'est comme ça !

Soyez « fournisseur officiel d'amour »

Donc, et si vous changiez votre mode de fonctionnement en arrêtant de chercher l'amour partout et à tout prix ? Si, au contraire, vous deveniez **« fournisseur officiel d'amour »** ?

Donnez de l'amour aux gens qui vous entourent, complimentez-les, encouragez-les ! Mettez-y toute votre sincérité sans rien attendre en retour, c'est essentiel. Connectez-vous aux êtres humains qui sont en face de vous. Faites l'effort de retenir leur prénom. C'est la reconnaissance de leur personnalité propre. Vous verrez à quel point ils vous en seront reconnaissants. Leur plaisir rejaillira sur vous, et en plus vous découvrirez en vous cette merveilleuse capacité à faire du bien. C'est sans doute le « pouvoir » qui apporte le plus de satisfaction personnelle au monde !

Vous verrez, être « fournisseur officiel d'amour », ça change la vie ! Cela nourrit les autres, tout en vous comblant vous-même. Cela réchauffe les cœurs et vous apporte le sentiment d'être quelqu'un de bien. Cela donne même du sens à la vie. Tout à coup, elle n'est plus un petit passage égoïste qui n'aura servi à personne d'autre qu'à vous. Au contraire, vous aurez semé le bien et l'amour sur votre passage, et en plus vous l'aurez récolté en retour ! N'est-ce pas merveilleux comme chemin de vie ?

Ainsi, dès à présent, ouvrez-vous aux autres, intéressez-vous, connectez-vous à eux. Cherchez vos points communs, leurs talents, leurs passions. Ils ont sans doute vécu des choses étonnantes ou même incroyables dans leur vie. En agissant ainsi, vous élargissez votre vision du monde et comprenez beaucoup mieux les personnes qui sont en face de vous.

Jusqu'à présent, vous voyiez généralement les autres comme vous regardiez la surface d'un océan, en oubliant le monde riche et fascinant qui s'active sous l'eau ! Avec ce nouveau regard, vous ouvrez **le champ des possibles**. Et vous pourriez être très étonné de ce que vous allez découvrir !

C'est ainsi que, sur un salon de l'auto en Allemagne où je m'étais rendue pour un événement, je me suis retrouvée dans une incroyable discussion avec la « dame pipi » du secteur. En quelques minutes, cette femme m'a raconté sa vie d'une richesse surprenante, faite de hauts et de bas, de bonheurs et de terribles épreuves… Un petit bout de femme qui s'occupait toute seule d'une ribambelle d'enfants et qui, malgré ses diplômes, s'était retrouvée dans cette activité par nécessité. Pourtant, elle gardait un sourire radieux, accueillant chaque visiteur avec gentillesse, et d'une humeur toujours joyeuse. L'essentiel pour elle n'était pas son compte en banque, mais la relation à sa famille et aux autres. C'est là qu'elle puisait la source de son bonheur. Une très jolie leçon de vie que m'a offerte cette « grande » femme ce jour-là !

Lâchez votre ego

Alors, vous me direz qu'être sympa avec les gens sympas, c'est facile... Mais que faire avec les personnes difficiles ?

Je ne parle pas ici de gens qui pourraient, dans votre entourage direct, essayer de faire du mal à dessein et à qui il faut clairement montrer les limites. Je fais référence aux petits accidents de la vie quotidienne, que nous pouvons transformer positivement, si nous sommes en conscience.

Imaginons la scène : quelqu'un vous bouscule dans la rue. Ce n'est pas de votre faute. Du haut de sa posture et de son stress, la personne vous crie dessus. Quelle est votre réaction aujourd'hui ? Vous l'agressez en retour !

Cela donne quoi ? Une dispute dont tout le monde sort énervé, totalement frustré… et perdant. On n'a pas avancé et on se quitte fâché et rempli d'énergie négative. Ce n'est pas comme ça que vous passerez les prochaines heures serein !

Et si vous tentiez autre chose ? Vous n'avez qu'une vie, jusqu'à preuve du contraire. Alors, ne vous laissez pas empoisonner par des détails ! Jouez, là aussi ! Amusez-vous à transformer l'énergie négative en énergie positive !

Cette personne vous agresse verbalement ? Ne vous énervez pas en retour, restez calme. De toute façon, ce n'est pas contre vous qu'elle est énervée à la base. Pour en arriver là, elle devait déjà être en état de malaise. Alors, laissez votre visage exprimer douceur et compréhension. Dites « Bonjour monsieur ».

La personne s'arrête d'un coup. Elle ne comprend pas pourquoi vous ne passez pas à l'attaque à votre tour. Elle retente une attaque. On ne sait jamais, ça pourrait fonctionner cette fois.

Et là, avec douceur et grande humilité, vous lui répondez : « Pardon si je vous ai bousculé, cela n'était pas du tout mon intention. Je ne vous ai pas fait mal au moins ? »

Là, elle vous prend carrément pour un extraterrestre ! Vous auriez dû l'agresser *normalement* ! La personne finalement vous répond, un peu honteuse : « Non, ça va, ce n'est pas grave. »

Pour finir, vous répondez : « Me voilà rassuré. Bonne journée à vous, monsieur. » Et là, vous avez porté l'estocade finale ! Le voilà qui s'en va, complètement décontenancé… et en vous souhaitant une bonne journée !

Car non seulement vous prenez la faute sur vous, alors que c'est lui qui vous a bousculé, et il le sait très bien, mais, en plus, vous vous inquiétez de son bien-être ! Vous avez été malin comme un singe ! Ainsi, vous avez détourné la situation et transformé l'énergie négative en énergie positive. Vous vous quittez en vous sentant bien (vous, en tout cas, lui, il doit être en train de culpabiliser) et, en prime, en vous souhaitant une bonne journée. N'est-ce pas tellement plus enviable comme issue ?

Et en plus, ça le fera sans doute réfléchir sur son comportement injustement agressif envers les autres et on peut espérer que, la prochaine fois, il traitera les gens d'une manière plus décente !

Vous allez me dire : « Il est en tort, pourquoi je prendrais la faute sur moi ? » Et là, s'il vous plaît, sortez tout de suite de votre ego, cela n'apporte que du malheur ! Franchement, qu'est-ce que ça peut faire ? Est-ce que c'est si terriblement grave ?

C'est vous qui êtes mille fois plus intelligent à ce moment-là ! Arrêtez de tout prendre au sérieux, et de vous prendre vous-même au sérieux en premier, et prenez la vie comme un jeu. Le jeu de l'amour et de l'énergie positive.

Chaque fois que vous réussissez, vous apportez **un peu plus d'énergie positive dans le monde**. De plus, vous vous préservez, et même, vous vous grandissez. N'est-ce pas une merveilleuse façon de fonctionner ?

L'idée n'est bien sûr pas de se donner toujours tous les torts, mais juste de surprendre l'autre en ayant un comportement positif, auquel il ne s'attendait pas. Par exemple, en étant sympa alors qu'il pourrait s'attendre à une réponse aussi agressive que son mouvement à lui.

Cela m'arrive parfois en scooter. Le nombre d'automobilistes qui ne mettent pas leur clignotant est effarant ! Ils ne se rendent pas compte qu'à ce moment-là, ils sont des meurtriers en puissance.

Il m'arrive donc, quand la circulation le permet et qu'un feu passe au rouge, de m'arrêter à leur niveau. Avec toute la sympathie et la douceur qu'il m'est possible de réunir, je leur dis que le comportement qu'ils ont eu est très dangereux et que si je n'avais pas été vigilante, ils m'auraient sans doute renversée.

Me voyant m'approcher, ils s'attendent à ce que je les agresse. Et ils m'auraient sans doute agressée en retour. Mais ils sont tellement surpris par ma douceur et mon grand sourire, qu'à tous les coups ils s'excusent. On se quitte en bons termes et je me dis que, dorénavant, ils feront peut-être plus attention et qu'ils mettront leur clignotant… Ce qui pourrait épargner des vies !

Quant aux torts, j'insiste sur le fait que, dans ce genre de situations, il n'est pas nécessaire de vouloir à tout prix qu'ils les reconnaissent. Ils savent ce qu'ils ont fait, et ils n'en sont certainement pas fiers au fond.

Plus vous serez clément avec eux, plus vous les étonnerez, plus ils se diront que vous méritez le respect et que ce sont eux qui n'ont pas agi dignement.

Au contraire, plus vous les agresserez et plus leur réaction sera de se protéger en vous agressant à leur tour et en remettant la faute sur vous. Ils n'apprendront rien, cela ne changera pas leur comportement, et vous finirez tous les deux dans un état totalement désagréable !

Il est tellement facile de condamner. Mettez-vous à la place des autres aussi ! Il nous arrive à tous de commettre des imprudences ou d'oublier de tenir compte de ce qui se passe à l'extérieur, tant nous sommes pris dans notre dialogue intérieur. Ce n'est pas fait exprès, c'est juste de l'inattention. Et puis, qui sommes-nous pour condamner quelqu'un alors que nous faisons pareil ? Et ceci vaut dans tous les domaines !

Un fonctionnement gagnant-gagnant

Ainsi, quand quelqu'un commet une erreur, essayez de vous mettre à sa place plutôt que de le fustiger. Accompagnez-le dans la compréhension, il vous en sera d'autant plus reconnaissant. Aidez-le à mieux faire la prochaine fois, en faisant en sorte qu'il se mette à son tour à votre place. C'est aussi une façon de poser des limites, mais tout en douceur.

Ne le critiquez pas directement, en remettant en cause qui il est. C'est de son comportement que vous devez parler, pas de la personne dans son identité. Et parlez-lui de ce que vous ressentez quand il agit d'une manière qui ne vous convient pas.

Par exemple, dans une relation, dites : « Quand tu oublies de m'appeler, j'ai l'impression que tu t'en fiches de moi et ça me rend triste », plutôt que : « Tu n'es qu'un gros égoïste, tu te fiches complètement de moi ! » – ce qui serait une agression directe.

La première proposition – « Quand tu oublies de m'appeler, j'ai l'impression que tu t'en fiches de moi et ça me rend triste » –, plutôt que de l'agresser personnellement, parle de ce que vous ressentez. Elle invite l'autre à se mettre à votre place et à comprendre ce que son comportement provoque chez vous, sans que son identité soit attaquée. Par ailleurs, vous l'amenez sur le champ émotionnel, pas celui de la guerre. Sa réaction ne sera donc pas du tout la même ! Ainsi, évitez les reproches et parlez de vos sentiments, vous aurez de bien meilleurs résultats !

De même, quand quelqu'un est énervé ou a quelque chose à vous dire, attendez le bon moment et laissez-le vider son sac, sans l'interrompre. Il ne sera pas apaisé et ne vous écoutera pas tant qu'il n'aura pas tout sorti. Soyez patient. Laissez-le aller jusqu'au bout, quitte à poser des questions pour bien clarifier sa position. Ensuite, une fois qu'il n'aura plus rien à dire, il se calmera beaucoup plus vite et il vous écoutera beaucoup mieux que s'il cherchait à encore faire passer des idées.

C'est vraiment un fonctionnement gagnant-gagnant, tentez-le. Ce n'est pas parce que vous attendez pour formuler votre réponse que vous n'aurez pas droit à votre tour. Alors, restez calme, écoutez vraiment ce que la personne vous dit, en vous mettant également à sa place pour mieux la comprendre.

Une fois qu'elle a fini, et vraiment fini, répondez-lui calmement, sans l'incriminer. Dites-lui que vous comprenez ses arguments. Puis, expliquez-lui votre point de vue, de manière qu'elle se mette à votre place et vous comprenne à son tour.

Ensuite, trouvez des solutions dans le respect de chacun, et surtout ne vous accrochez pas stupidement à votre point de vue, cela ne vous apporterait que du malheur. Soyez généreux, quittez les postures inutiles, lâchez votre ego (qui détruit tout sur son passage) et échangez avec le cœur, dans la compréhension et avec une réelle envie d'avancer pour le bien de chacun.

Et puis, sachez que vous n'êtes pas obligé d'être toujours d'accord avec l'autre. Vous pouvez aussi avoir des avis différents et respecter son avis sans imposer le vôtre. Parce qu'en dehors de ce qui est scientifiquement prouvé (et encore, la science connaît elle aussi des contradictions), **la vérité n'existe pas**. Personne ne peut se prétendre détenteur de la vérité universelle. Personne.

Au contraire, on pourrait même dire qu'il y a autant de vérités que d'humains sur terre. Alors, de quel droit pourrions-nous imposer notre vision aux autres ? D'aucun droit ! Donc si vous n'êtes pas d'accord, respectez chacun la vision de l'autre et enrichissez-vous de vos différences.

Et puis, surtout, gardez en tête que **rien n'est grave** !

Ce n'est pas si compliqué de respecter l'autre et ses croyances, quelles qu'elles soient – même si votre vision est totalement différente.

Bien sûr, si les croyances de l'autre heurtent vos valeurs, vous avez le droit de ne pas y adhérer et même de ne pas fréquenter la personne, si vous le pouvez.

Sur les réseaux sociaux, le mieux est de ne pas répondre aux agresseurs qui cherchent souvent juste des gens avec qui s'écharper.

Si c'est un collègue de travail, respectez-le, soyez poli, mais n'entrez pas dans des discussions qui, de toute façon, ne trouveront pas de résolution positive et pacifique.

Laissez l'autre être qui il est et faire ce qu'il veut, c'est son droit. En revanche, si cela ne vous convient pas, vous avez le droit de vous éloigner et d'agir à votre manière (dans le respect de l'autre et des règles liées au contexte) – mais pas celui d'imposer votre vision à qui que ce soit !

Et puis, bien sûr, sachez reconnaître vos erreurs. **Tout le monde se trompe et en a le droit.** Mais quand on se trompe, quand on fait du mal, il faut savoir le reconnaître et réparer ses erreurs. En être capable, c'est faire preuve de courage et d'honnêteté. Faites-le, vous en sortirez grandi.

En revanche, quand l'autre a tort, inutile de le lui faire remarquer, ce serait ressenti comme une agression. Laissez les gens en prendre conscience, maintenant ou plus tard… ou jamais. Nombre de personnes veulent démontrer aux autres leurs erreurs et finissent par détériorer la relation. Ce n'est pas une bonne idée.

Rappelez-vous toujours que vous n'êtes pas le sauveur de l'humanité ni le détenteur de la vérité. C'est en faisant leurs propres expériences, quitte à se tromper, que les gens apprennent le mieux.

Bien sûr, dans certaines situations, vous avez à faire des retours aux autres : sur leur travail, leurs performances, ou quand ils vous le demandent. Dans ce cas, n'oubliez pas de parler des points positifs. Les gens sont très concentrés sur le négatif et oublient d'évoquer le positif, alors qu'il y en a toujours ! C'est très important d'en parler car il permet à l'autre de gagner en confiance, ce qui l'encourage dans ses efforts. Dire du positif est un acte de générosité qui vous grandit et fait beaucoup de bien à l'autre. Ne vous en privez jamais !

Lui donner des axes de travail et d'évolution est, bien sûr, très constructif. Soignez juste votre manière de communiquer avec lui.

Comme vous l'avez compris, la relation à l'autre est un élément essentiel dans la vie. Ensemble, on va plus loin et avec tellement plus de joie ! D'ailleurs, les plus grandes créations, les plus beaux événements, tout dans le monde naît de la collaboration entre les individus. Même les plus célèbres entrepreneurs n'auraient rien pu faire s'ils n'avaient pas été judicieusement entourés.

Soignez votre relation aux autres, cultivez l'amitié, choisissez bien votre entourage, donnez de l'attention, de l'aide, de l'amour… Les gens seront heureux de vous fréquenter, vous vous créerez un environnement positif et tout le bien que vous offrirez, en plus de faire de vous une belle personne, vous reviendra en retour… N'est-ce pas le plus joli des programmes ?

« Les amis sont des compagnons de voyage qui nous aident à avancer sur le chemin d'une vie plus heureuse. »
Pythagore

EXERCICE

La relation aux autres

Mise en action

Se connecter aux autres

Durant toute la semaine qui vient, votre mission sera de trouver ce qui vous relie aux autres : vos voisins, vos collègues, un commerçant du quartier ou même un inconnu…

En discutant avec eux de leurs passions, de leur famille ou de leurs activités, donnez-vous l'objectif de vous trouver au minimum un point commun. Il y en a toujours ! La musique, les voyages, le cinéma, un sport, une activité quelle qu'elle soit, vos origines…

Jouez à « Columbo », intéressez-vous à l'autre et trouvez ce lien. C'est une manière simple et ludique d'apprendre à le connaître, ce qu'il trouvera très agréable, et, surtout, de créer un lien qui peut être bien plus fort que ce que vous imaginez, grâce à ce dénominateur commun.

✦ Qu'est-ce que cette ouverture à l'autre vous a apporté ? En quoi cela a enrichi votre relation ? Partagez ici vos trois plus belles découvertes en détaillant le nom de la personne, le point commun que vous vous êtes découvert, et la façon dont a évolué votre ressenti par rapport à cette personne depuis cet échange.

- Découverte n° 1 :

....
....
....
....

- Découverte n° 2 :

....
....
....
....

- Découverte n° 3 :

....
....
....
....

Entrer dans le « game »

Tentez de déjouer les situations qui pourraient s'envenimer si vous surenchérissiez face à quelqu'un qui commet une erreur ou qui cherche absolument à avoir raison ou à s'embrouiller avec vous.

Réagissez d'une façon positive qu'il n'attendait absolument pas. Lâchez impérativement votre ego en vous rappelant que l'important dans la vie est ailleurs ! Prenez-le comme un jeu, une expérimentation, un challenge, et retournez la situation pour que l'issue soit favorable et la relation préservée, même si vous ne connaissez pas la personne.

✦ Racontez ici vos expérimentations. Comment avez-vous vécu l'exercice ? Avez-vous eu des difficultés ? Si oui, lesquelles et comment les contourner dorénavant ? Quelles conclusions en tirez-vous ?

- Expérimentation n° 1 :

....

....

....

....

- Expérimentation n° 2 :

....

....

....

....

- Expérimentation n° 3 :

....

....

....

....

Un *feel good movie* inspirant

Je vous conseille le film *Intouchables* avec Omar Sy et François Cluzet, tiré d'une histoire vraie, ou comment les autres nous aident à grandir. Deux hommes que tout oppose se lient d'amitié. Une complicité qui, enrichie par leurs différences, changera profondément leur vie.

CLÉ Nº 10

Demandez pour recevoir

« J'ai compris que demander un coup de main, ce n'est pas un déshonneur. Demander un coup de main, c'est un moment de partage. Quand je viens à Paris et que je souhaite entrer dans un restaurant dont le menu me plaît, je demande aux deux ou trois gars qui passent par là de porter mon fauteuil roulant pour passer les quelques marches, et ils m'aident. Moi, j'ai le smile *parce que je vais manger un truc super bon, et eux aussi car ils ont vécu un moment de partage. »*

Philippe Croizon, athlète « capable autrement » et conférencier

Vous avez déjà entendu parler de la **loi de l'attraction**, si vous vous intéressez au développement personnel. C'est un concept qui est effectivement très en vogue et vous verrez qu'il y a des raisons à cela.

Qu'est-ce que la loi de l'attraction ?

C'est un principe simple selon lequel vos pensées créent une fréquence et que cette fréquence attire, comme un aimant, ce qui est sur la même fréquence.

Cela signifie que si vous vous mettez en configuration d'obtenir quelque chose, vous l'aurez et, à l'inverse, si vous pensez en formulations négatives (par exemple : « Je n'ai pas assez d'argent ») ou si vous pensez au manque de quelque chose

(« J'ai peur de ne pas avoir assez d'argent »), vous attirerez ces peurs et manques en retour.

Il est d'ailleurs bien connu et vérifié qu'un esprit d'ouverture vous apporte bien plus qu'un état de fermeture. La loi de l'attraction semble donc très logique.

La loi de l'attraction est très utile à déployer quand on veut atteindre un objectif ou réussir un projet. Car si vous croyez fermement à votre projet et que vous vous donnez les moyens de réussir, les fréquences émises font que **vous ne pouvez que réussir**.

Pour cela, il faut évidemment être profondément investi et poser les bonnes actions. Il faut aussi que la réussite de votre projet soit essentielle pour vous, votre raison de vivre, pour que chaque cellule de votre corps vibre à l'unisson en direction de la réalisation de cet objectif.

Je l'ai expérimenté personnellement au moment où j'ai repris une année d'études en master 2 à Paris, en plus de mon boulot. À l'époque, je ne connaissais pas la loi de l'attraction mais, sans le savoir, j'avais mis ses principes en action.

Je voulais vraiment réussir, c'était important pour moi. J'ai beaucoup travaillé, mais je ne suis pas la seule à m'être investie. En revanche, la différence avec mes camarades, c'est que, pour moi, cet objectif était devenu mon idée fixe. J'y pensais matin, midi et soir… et je devais certainement aussi en rêver la nuit !

Il aurait pu y avoir un tremblement de terre, un ouragan, un tsunami, rien n'aurait pu me détourner de cet objectif. J'envoyais à l'univers le message que, quoi qu'il se passe, je réussirais haut la main. Il n'y avait pas d'autre option possible.

Je l'ai fait avec passion et plaisir, même si, parfois, la fatigue prenait le pas. Mais à ces moments-là, je me reconnectais directement à mon désir profond qui correspondait à la fréquence de réussite de ce master que j'ai finalement obtenu avec mention.

Vous imaginez le bonheur, mais aussi la gratitude que j'ai ressentis ! Gratitude envers moi-même déjà, d'avoir travaillé autant et de m'être donné les moyens de réussir. Mais aussi gratitude envers la vie en général, ou l'univers – jc ne savais pas trop comment le formuler. J'avais la sensation que quelque chose de plus grand m'avait accompagnée dans ma réussite et que c'était connecté à toute cette énergie que j'avais déployée, tant ce projet était essentiel pour moi.

En réalité, selon les termes de la loi de l'attraction, je me suis mise sur **une fréquence de réussite** si forte que je ne pouvais que réussir. Bien sûr, j'ai posé les bonnes actions. On ne réussit pas un projet en restant chez soi à y rêver en bayant aux corneilles ! Mais en découvrant les principes de la loi de l'attraction quelque temps plus tard, j'ai vraiment compris ce qu'inconsciemment j'avais mis en place.

Je suis donc bien placée pour vous le dire : **ça marche !**

Mais la loi de l'attraction va plus loin

Elle dit qu'en observant ce que vous vivez dans chacun de vos domaines de vie, on peut connaître l'état de vos pensées à ce sujet.

Si, par exemple, ce sont toujours les autres qui ont les promotions ou les avantages, il y a fort à parier que vous entreteniez – inconsciemment peut-être – l'idée que vous ne méritez pas ces bénéfices ou que vous valez moins que les autres.

De même, si vous êtes toujours dans des relations amoureuses compliquées, peut-être avez-vous des pensées centrées sur le fait qu'il n'y a pas de relations sereines et épanouies, que cela doit obligatoirement passer par le déchirement et la souffrance.

Passez en revue tout ce qui vous arrive. Quand vous décelez une pensée limitante, remplacez-la par une croyance ressource.

Autrement dit, si vous pensez que vous ne méritez pas quelque chose, **changez de fréquence** et ressentez fermement que vous le méritez ! Soyez-en convaincu et prenez conscience de ce que cela vous fait en vous imaginant l'avoir à présent.

Visualisez la situation et **imprimez-la dans vos cellules**, comme si c'était votre réalité d'aujourd'hui. Le cerveau ne fait pas la différence entre les images réelles et les images créées. Pour lui, ce sont des informations de même valeur. Si la nouvelle image que vous avez créée est suffisamment forte et ressentie, gorgée d'émotions positives, et vécue comme si c'était la réalité, c'est ce que vos cellules imprimeront. Ressentez cette fréquence de bonheur et de réussite, fixez-la et gardez-la en vous !

Puis, régulièrement, revenez à cette visualisation pour la réimprimer afin qu'elle reste bien ancrée en vous. Vivez et vibrez comme si c'était réel, et jusqu'à ce que ça le devienne.

Bien sûr, posez en parallèle les bonnes actions. L'idée n'est pas de vous déresponsabiliser de ce qui vous arrive. **Tout vient de vous.** Vos actions comme vos pensées. Et vous verrez que votre attitude, c'est-à-dire le nouveau comportement que vous aurez suite à votre changement de pensées, fera une grande différence dans vos résultats.

D'ailleurs, rappelez-vous ce que disait Albert Einstein : « Il faudrait être fou pour penser que les mêmes actions peuvent donner des résultats différents. » Donc, si vous voulez des résultats différents, il faut faire différemment.

Quels résultats aimeriez-vous changer ? Et quelles actions différentes pourriez-vous mettre en place pour obtenir des résultats différents ?

Ces actions correspondant à un état d'esprit différent sont également liées à de nouvelles fréquences. Concentrez-vous sur ce nouvel état d'esprit en vous plongeant dans des états d'amour et de gratitude profonds. Ils correspondent aux fréquences les plus puissantes qui soient et créent le champ le plus favorable à vos souhaits.

Apprenez à demander

Et puis, c'est très important, n'hésitez surtout pas à **demander pour recevoir**. Cela paraît évident mais, en réalité, peu de gens expriment vraiment ce qu'ils veulent. Alors, ils ne le reçoivent pas.

Ainsi, communiquez vos souhaits aux autres, mais aussi **demandez à l'univers**. Oui, oui, j'ai bien dit l'*univers*. Vous vous rappelez : vous émettez une fréquence pour que celle-ci vous revienne en retour, comme un aimant… Eh bien, faites-le en exprimant votre demande à l'univers, ou à la vie, si vous préférez, en croyant fermement que cette demande sera entendue et comblée.

Une demande, comme une pensée, est une fréquence qui est émise. Donc, si vous ne le faites pas, vous n'émettez rien, et cela ne vous aidera pas à obtenir ce que vous voulez ! C'est le célèbre : « Demandez, et vous recevrez. »

De même, quand vous ne savez pas, posez des questions… À qui ? À l'univers toujours ! Posez vos questions, soyez attentif aux signes, restez patient et suivez votre instinct. Il saura percevoir les réponses attendues.

Ne pensez pas que tout cela est mystique ou que ça tient de l'ésotérisme le plus profond ! Pas du tout ! C'est juste une question d'énergie.

Pour simplifier, vous avez déjà remarqué que, quand vous êtes dans une énergie positive, plus de choses positives vous arrivent. Et quand vous êtes fermé et bougon, le champ des possibles se referme. Eh bien, c'est la même idée… Tout cela dépend de l'énergie que vous émettez. Et cette énergie, *votre* énergie (induisant bien sûr la fréquence que vous émettez), a un impact sur le reste du monde.

Vous pouvez ne pas y croire si vous le souhaitez. Cela aura pour effet de rendre tout cela encore moins possible. Votre bénéfice sera de dire que vous aviez raison mais, en fait, c'est vous qui serez perdant. Cela vaut donc la peine de jouer le jeu à fond. Et même si cela fonctionne comme un effet placebo, c'est-à-dire porté par la croyance, l'important est que cela fonctionne au final !

Ceci dit, les travaux actuels de physique quantique démontrent clairement que tout est interconnecté. Et que, même à une distance très éloignée, des éléments peuvent s'influencer. Ce n'est pas ce que vous avez appris à l'école, c'est même **une révolution** dans le monde scientifique. Ce qui est sûr, c'est qu'il n'est aujourd'hui plus possible de dire que cette interaction n'existe pas. Demain, ce sera une évidence pour tous, mais en attendant, soyez parmi les premiers à l'expérimenter et surtout à en être l'heureux bénéficiaire. Si cela peut rendre votre vie plus belle, autant essayer !

Ainsi, tous les matins au réveil, tous les soirs au coucher, et même dès que vous pouvez dans la journée, prenez quelques minutes pour ressentir profondément la gratitude et l'amour. Ils vous mettront dans de meilleures dispositions pour votre vie et ils renforceront les fréquences bénéfiques que vous émettrez. Puis, mettez-vous dans la fréquence liée à votre objectif.

Pour vous aider dans la création de vos sensations, n'hésitez pas à avoir vos « sources de joie et d'amour personnels » : ce sont des souvenirs de moments que vous avez vécus, où vous étiez pleinement heureux, dans la gratitude et l'amour. Dès que vous sentez que vous perdez cet état dans votre quotidien, replongez-vous dans ces souvenirs et ressentez le bien-être vous envahir à nouveau.

J'ai encore une bonne nouvelle pour vous. Ces sensations de gratitude et d'amour, en plus de vous faire un bien fou, auront un impact sur votre métabolisme. En effet, il a été constaté que les pensées positives améliorent la circulation sanguine, la vitalité, et renforcent même le système immunitaire ! N'est-ce pas magnifique ?

Dans la même logique, mais moins drôle cependant, les spécialistes de la loi de l'attraction rejoignent les psychanalystes en confirmant que vous créez vous-même les accidents et les maladies qui vous arrivent…

Le stress est généré par vos pensées

Ces accidents et maladies sont bien souvent provoqués par le stress, qui lui-même est généré par vos pensées. En effet, votre stress naît de votre façon d'interpréter l'information. Il vous arrive quelque chose de non attendu et de non voulu, ce qui à la base est une information. Sauf que vous choisissez (généralement inconsciemment) de l'interpréter de manière négative, allant parfois même jusqu'au psychodrame ! Et, bien sûr, cela provoque un stress en vous.

Mais vous avez aussi la possibilité de choisir une réaction différente. Comment ? En traitant l'information juste en « information », c'est-à-dire sans être atteint émotionnellement par ce qui se passe.

Par exemple, vous êtes en retard et bloqué dans les embouteillages. Vous pouvez complètement stresser, ce qui ne changera rien à votre situation, si ce n'est vous mettre dans un état néfaste qui envoie les vibrations négatives associées, ce qui n'arrangera pas votre cas et attirera probablement des soucis supplémentaires.

Ou vous pouvez choisir de prendre l'information telle quelle : *vous êtes en retard, point.* Et l'accepter comme un fait, puisque de toute façon vous ne pouvez rien y faire. L'état dans lequel vous serez, les fréquences associées seront bien plus bénéfiques pour vous et attireront peut-être même des informations auxquelles vous serez plus réceptif. Par exemple un autre chemin moins engorgé, ou un message de la personne avec qui vous avez rendez-vous et qui est tout aussi en retard que vous – cela m'est arrivé souvent, je peux en témoigner !

Pour revenir au stress généré par vos pensées, il perturbe le bon fonctionnement de votre corps en créant des nœuds où l'énergie ne circule plus. Au fur et à mesure, ces accumulations peuvent mener à des maux (comme des tendinites ou des foulures…). Elles peuvent même conduire à la maladie. Pour rappel, le mot « maladie » peut être décomposé en « mal a dit », c'est-à-dire le « mal qui dit » à travers le corps ce qu'il n'a pas pu exprimer autrement.

Il convient donc de bien gérer son état d'esprit et ses émotions. Je vous incite à vibrer à travers des énergies de gratitude et d'amour afin d'envoyer à l'univers des fréquences qui vous apporteront le bien-être, la santé et ce que vous désirez au plus profond de vous-même.

Vous verrez, quand elle est vraiment et sincèrement mise en application, la loi de l'attraction est source de trésors illimités et insoupçonnés.

« Tout ce que nous sommes résulte de nos pensées. »
Bouddha

EXERCICE

Demander pour recevoir (la loi de l'attraction)

Questions de vie

Réfléchissez à vos scénarios de vie. Que vivez-vous inlassablement et qui pourtant ne vous convient pas ? Quelles sont vos pensées liées à cela ?

Étudiez chaque domaine de votre vie : vie sentimentale, famille, travail, santé, relations sociales, projets personnels et même vos rêves.

✦ Domaine :

....

• Ce que je souhaite changer :

....

....

....

....

• Ce que je souhaite à la place, et les nouvelles pensées à installer pour y arriver :

....

....

....

....

✦ Domaine :

....

• Ce que je souhaite changer :

....

....

....

....

• Ce que je souhaite à la place, et les nouvelles pensées à installer pour y arriver :

....

....

....

....

✦ Domaine :

....

• Ce que je souhaite changer :

....

....

....

....

• Ce que je souhaite à la place, et les nouvelles pensées à installer pour y arriver :

....

....

....

....

✦ Parmi les différents souhaits d'évolution ci-dessus, quel est l'objectif prioritaire pour vous aujourd'hui ?

....

....

....

....

Mise en action

Reprenez l'objectif prioritaire qui s'est détaché dans l'exercice précédent. Choisissez quelque chose de concret et qui vous tient réellement à cœur.

Puis mettez en place dès à présent les nouvelles pensées et fréquences. Prenez le temps de vous concentrer dessus réellement, en visualisant chaque détail de la situation souhaitée.

Et n'oubliez pas de demander à l'univers qu'il vous aide à le réaliser ; et de croire fermement à la réussite de l'objectif. Jouez vraiment le jeu. Si des pensées néfastes arrivent, refusez-les et remplacez-les immédiatement par des pensées en phase avec la réussite de votre objectif.

Et, bien sûr, entreprenez les actions adéquates pour atteindre vos buts. Soyez constant et patient.

✦ Indiquez ici les premiers changements positifs constatés depuis les modifications apportées aux habitudes précédentes non efficaces :

....

....

....

....

Un *feel good movie* inspirant

My Date with Drew, de Jon Gunn, Brian Herzlinger et Brett Winn : l'histoire d'un jeune homme qui se donne un mois pour réaliser son plus grand rêve : rencontrer Drew Barrymore. Malgré les hauts et les bas, il croira profondément en son projet et déploiera toute son énergie, embarquant avec lui son entourage, pour que son rêve devienne réalité.

CLÉ N° 11

Cultivez l'efficacité

« Petit, je n'étais ni beau, ni riche, ni costaud. Je n'avais donc pas beaucoup de solutions pour être accepté par les autres et faire partie d'une bande. C'est en cela que la radio et la télé m'ont sauvé. J'y ai découvert que faire rire est un pouvoir. Donc, dès l'école primaire, j'ai décidé de faire rire. Au tout début avec des imitations de Thierry Le Luron, jusqu'à finir par en faire mon métier. »
Laurent Ruquier, animateur radio et auteur

Répartir votre objectif final en une succession de mini-objectifs est très efficace. Si vous les avez bien choisis, en vous organisant de façon méthodique et en vous concentrant sur l'essentiel, de petite réussite en petite réussite, vos mini-objectifs vous mèneront à la réalisation de votre grand objectif, et même de votre rêve.

Pour vous y aider, je vous présente une alliée de taille : **l'efficacité**. Et bonne nouvelle : l'efficacité, ça s'apprend.

En réalité, je vous en parle en filigrane depuis le début du livre. Mais il est temps à présent de lui consacrer la place qu'elle mérite.

L'efficacité vous permettra de gagner du temps, de l'énergie, d'avoir l'esprit plus clair et plus connecté à l'essentiel. Ainsi, non seulement vous avancerez mieux vers vos objectifs mais, en plus, vous gagnerez en confiance et en respect de vous-même. Car quand on a la main sur sa vie, on a la sensation d'avoir un impact sur son destin. Et ce n'est pas qu'une sensation !

Nous allons donc commencer par « assainir » votre planning. C'est comme quand on cuisine : tout devient plus fluide quand on démarre avec un plan de travail bien ordonné, les ustensiles et les ingrédients idéalement répartis et à portée de main. Eh bien, c'est pareil pour la réalisation de vos objectifs et de vos rêves : vous avancerez bien mieux en ayant au préalable une vision claire de votre organisation et de votre vie en général.

Une fois votre planning optimisé, nous diviserons vos grands objectifs et vos rêves en mini-objectifs, bien plus simples à réaliser, et qui, au bout du compte, vous mèneront à votre but. On peut comparer chaque mini-objectif à une brique qui constitue le château de vos rêves. De brique en brique, vous finirez par le construire. Alors que si vous comptez directement vous attaquer à la construction du château entier, vous ne le commencerez probablement jamais, car c'est trop vertigineux !

Si vous vous reconnaissez dans cette image, rassurez-vous : l'efficacité sera votre meilleure alliée pour transformer vos rêves en réalité !

Mais commençons déjà par jeter un œil à votre planning…

Voici comment procéder

Premièrement, analysez votre quotidien. Votre vie de tous les jours est remplie de choses à faire, de contraintes et de distractions, et il est très facile de vous disperser. Ces « parasitages » vous détournent de vos objectifs et donc de ce qui est vraiment important pour vous, comme :

- Votre course effrénée, parfois en quête de choses qui ne vous apportent rien.

- Une gestion non efficace de votre temps (par exemple en interrompant régulièrement vos activités pour répondre à un coup de fil, lire vos e-mails à l'instant où ils arrivent ou répondre à un interlocuteur qui n'éprouve aucune gêne à vous interrompre).
- Le « parasitage » de plus en plus prenant d'Internet et des réseaux sociaux qui, certes, peuvent être très utiles et sympas, mais qui peuvent aussi vous faire perdre un temps considérable.

Bref, vous serez d'accord, les occasions sont nombreuses pour vous détourner de vos objectifs !

Faites le point sur votre planning

Parmi ces parasitages, y a-t-il des choses que vous pourriez retirer car cela ne vous sert à rien au final ?

Pourriez-vous éventuellement **déléguer certaines tâches** ? Le ménage ? Les courses – en vous faisant livrer ou en demandant à votre conjoint de participer à l'intendance familiale ? Des dossiers que vous pourriez transmettre à vos collaborateurs mais que vous avez toujours gardés pour vous car vous êtes trop dans le contrôle ?

Détendez-vous et *dé-lé-guez* ! À quoi ça sert de vouloir tout gérer si c'est pour vivre sous l'eau ou stressé ? Et, surtout, si ça vous empêche d'avoir du temps pour profiter de la vie… durant le temps de votre vie ! Elle est courte, ne l'oubliez pas ! Alors, faites-en un moment de joie et de plaisir, et non une contrainte à chaque instant, cela n'a pas de sens !

De même, pensez à **concentrer vos tâches**. Prévoyez des créneaux pour lire vos e-mails, d'autres créneaux pour passer vos appels, et sachez vous rendre indisponible si vous avez vraiment besoin de vous concentrer. Cela va peut-être déstabiliser votre entourage au début, mais, si vous êtes clair avec les autres, que vous posez les limites dont vous avez besoin et que vous tenez votre résolution, ils la respecteront.

Car toutes ces interruptions et ces distractions vous font perdre de l'énergie, du temps et, en plus, vous empêchent de vivre pleinement chaque instant. Vous n'êtes qu'à moitié à ce que vous faites, vous vous déconcentrez constamment et vous perdez en efficacité… En réalité, vous vous diluez et vous perdez la maîtrise de votre vie.

Reprenez les choses en main : que ce soit à la maison ou au travail, quand vous avez à vous concentrer sur une tâche ou besoin de temps pour vous, prévenez votre entourage. Fermez la porte et coupez tout : téléphone, alertes e-mails, notifications des réseaux sociaux… Les messageries sont là pour s'en servir ! Respectez votre propre temps si vous voulez qu'on le respecte. En effet, si l'on peut vous interrompre à tout moment, c'est que votre temps n'est pas si important que ça !

De même, retirez-vous des *mailing lists* qui ne vous intéressent pas ou qui ne vous apportent pas grand-chose. Vous recevez des messages que vous n'avez pas demandés ou qui ne vous concernent pas ? Désabonnez-vous, ou glissez-les dans le courrier indésirable. Faites le tri et supprimez tout ce qui ne vous sert à rien. Vous récupérerez du temps perdu totalement inutilement.

Toutes ces interruptions et distractions ont beaucoup plus d'impact sur votre vie que vous ne le pensez ! D'ailleurs, je vous propose de faire un test pour savoir où vous en êtes.

Observez-vous toute une journée et comptez le nombre de fois où vous allez sur Facebook, Twitter, Instagram, Tinder… ou tout réseau qui vous concerne. Comptez aussi le nombre de fois où vous vous arrêtez en pleine activité pour lire un e-mail pro ou répondre à un appel, ou le nombre d'interruptions par les autres alors que vous êtes en plein travail. Faites un trait sur une feuille pour chacun de ces parasitages. Faites-le *vraiment* et *honnêtement*, sans changer vos habitudes pour avoir une juste vision de la situation. À la fin de la journée, il se peut que vous soyez effaré du résultat ! Et c'est très bien : la prise de conscience permet de comprendre qu'il est peut-être bien nécessaire de faire différemment.

Dans ce cas, mettez en place un autre mode de fonctionnement. Un mode qui vous respecte et où vous êtes vous-même le maître de la situation. Vous ! Rien, ni personne d'autre !

Faites également le point sur vos autres sources de distraction. En tout cas, celles qui ne vous apportent rien et qui vous détournent de vos objectifs importants.

Avez-vous déjà réalisé que chaque heure que vous passez sur des activités qui ne vous apportent rien, ou à rester passivement devant les écrans, est une heure précieuse de votre vie qui passe ?

Réfléchissez à ce que vous voulez vraiment : du contenu qui ne vous fait pas avancer, ou plutôt quelque chose qui vous nourrit, quelle qu'en soit la manière ?

N'oubliez jamais que **chaque heure qui passe s'envole à tout jamais** et sera, quoi qu'il en soit, décomptée de votre temps de vie.

Rappelez-vous aussi que Socrate, Léonard de Vinci, Victor Hugo, Marie Curie ou encore Albert Einstein et Simone de

Beauvoir n'ont pas eu plus d'heures dans leurs journées que vous. Ils ont simplement utilisé leurs vingt-quatre heures quotidiennes d'une manière riche et productive, tournés vers ce que leur unicité pouvait apporter de meilleur au monde et à eux-mêmes, et très certainement concentrés sur leurs objectifs !

Ainsi, si vous voulez vraiment devenir l'artiste de votre vie, apprenez à **déterminer ce qui est réellement important pour vous** et à vous concentrer dessus. Et libérez-vous de ce qui ne vous sert à rien. Cela vous rendra bien plus efficace !

Dans la même idée, connaissez-vous la loi de Pareto ? Elle énonce que 20 % de vos occupations vous apportent généralement 80 % de vos résultats. Ce qui veut dire que la majorité de vos actions vous sont très peu profitables, puisqu'elles n'ont un impact que sur 20 % de vos résultats. Que d'énergie perdue ! Il serait donc beaucoup plus efficace de vous concentrer sur vos tâches les plus rentables, celles qui, avec 20 % d'investissement, vous apportent 80 % de réalisation. Là aussi, vous gagnerez en efficacité !

Élaguer votre quotidien de l'inutile va sans doute vous demander un effort au début, car cela implique de changer quelques habitudes. Mais vous verrez, vous serez vite récompensé. Cette nouvelle attitude renforcera votre capacité de concentration, tout en réduisant votre dépendance aux sollicitations extérieures. Et une dépendance n'est jamais quelque chose de positif, même si elle semble anecdotique !

Donc libérez-vous des mauvaises habitudes et créez-en de bonnes qui vous mèneront vers le bien-être et la réussite de vos objectifs. Et n'oubliez pas qu'une habitude s'installe en trois semaines, alors soyez constant… et patient !

Les grands objectifs sont faits d'une succession de mini-objectifs

Une fois votre planning assaini, revenez à vos objectifs importants. Comme ils sont de plus grande envergure, ils ne se réalisent pas en un jour. Il est donc essentiel de les subdiviser en mini-objectifs et de vous attribuer, pour chaque mois, chaque semaine et chaque jour, des missions réalistes et allant toujours dans le sens de votre grand objectif à accomplir.

Pour cela, rien de tel que les listes ! Eh oui, elles ne sont pas réservées aux courses ou aux femmes hyper organisées ! Elles peuvent vraiment se révéler une aide précieuse pour chacun, essayez !

En déterminant par écrit les tâches que vous souhaitez accomplir par ordre de priorité, vous clarifiez et vous ordonnez vos idées. C'est très important. Ensuite, donnez-vous chaque jour des tâches concrètes et utiles à réaliser.

Il est bien connu que, quand on ne sait pas où l'on va, on traîne, on tourne en rond et, au final, on n'avance pas vraiment. Au contraire, quand on sait ce que l'on a à faire, il est plus simple de se mettre en mouvement.

Testez une journée avec liste, si vous n'avez pas l'habitude d'en faire. Soyez réaliste, ne la chargez pas trop. Mettez-vous-y dès le matin et, chaque fois qu'une tâche est accomplie, rayez-la. La supprimer concrètement procure de la satisfaction, et même une sensation de soulagement. Si, à la fin de la journée, vous avez rayé la majorité de vos tâches, vous vous sentirez content de vous, tout en ayant le sentiment très agréable d'avoir bien avancé.

Bien sûr, faites en sorte qu'il y ait chaque jour une mission liée à vos objectifs importants sur votre liste, et ce, quoi qu'il arrive – c'est essentiel !

Une telle régularité vous fera avancer dans la vie et vers vos buts importants bien plus vite que vous ne l'imaginez. De plus, cela renforcera encore votre motivation.

Essayez d'ailleurs de commencer la journée par votre **mission du jour**. Ainsi, elle ne vous hantera pas toute la journée jusqu'à ce que vous l'ayez réalisée. De plus, vous commencerez votre journée avec la satisfaction d'avoir mené à bien votre tâche et d'avancer clairement vers votre objectif important, tout en ayant la main sur votre destin.

Plus votre envie de réussir vos objectifs est forte, plus vous émettez des fréquences puissantes qui jouent comme un aimant et vous renvoient en miroir ce que vous désirez profondément. On en revient à la loi de l'attraction.

Voilà une nouvelle raison de ne pas vous disperser à mille et une occupations qui ne vous apportent rien ! Soyez efficace : concentrez vos pensées sur des projets enthousiasmants !

Une fois que vous les aurez concrètement atteints, fêtez-les dignement, sans oublier de célébrer les réussites intermédiaires. Cela contribuera à vous encourager à continuer dans cette voie.

Et, bien sûr, n'oubliez pas d'inclure le maximum de plaisir dans vos journées – eh oui, le plaisir, encore et toujours ! Faites les choses consciencieusement, mais sans vous prendre au sérieux. Plus vos journées et vos activités sont vécues de manière ludique et positive, plus vous y trouvez de l'énergie et de la joie. Le plaisir, le rire et le jeu sont des moteurs d'une puissance extrême ! Cultivez-les et veillez à ce qu'ils fassent partie de votre quotidien, pour que le chemin vers vos objectifs soit déjà le début du bonheur et de la réalisation !

« Le secret pour avancer, c'est de commencer. Le secret pour commencer, c'est de découper les tâches complexes et trop importantes en petites actions facilement réalisables. Puis d'entreprendre la première. »
Mark Twain

EXERCICE

Cultiver l'efficacité

Questions de vie

✦ Étudiez à la loupe une de vos journées types, puis répondez à ces questions dans la plus grande honnêteté.

- Combien d'e-mails recevez-vous par jour ?

....

- Combien sont inutiles ou ne vous concernent pas ?

....

- Combien de fois par jour vous interrompt-on dans vos tâches ?

....

• Combien de fois par jour allez-vous sur :

Facebook ?

....

Twitter ?

....

Instagram ?

....

Autres ?

....

✦ Quel constat faites-vous en voyant ces chiffres ?

....

....

....

....

✦ Pensez-vous qu'il faille changer quelque chose et, si oui, quoi ?

....

....

....

....

Mise en action

✦ Reprenez le ou les éléments issus des deux exercices précédents que vous souhaitez changer. Réfléchissez à une méthode pour chaque point et appliquez-la dès à présent.

Pour cela, pensez par exemple à rassembler les tâches et à les planifier, à en déléguer d'autres... Réfléchissez aux occupations qui ne vous servent à rien et que vous pourriez tout simplement supprimer. Soyez créatif et « orienté solutions »... il y en a toujours !

- Point n° 1 :

 ....

 ....

 ....

 ....

- Point n° 2 :

 ....

 ....

 ....

 ....

- Point n° 3 :

 ....

 ....

 ....

 ....

- Point n° 4 :

 ....

 ....

 ....

 ....

Un *feel good movie* inspirant

À la recherche du bonheur, avec Will Smith : l'histoire, basée sur des faits réels, d'un homme qui a développé l'extraordinaire habitude de toujours faire de son mieux et de ne jamais lâcher son objectif, même dans les pires situations. Il finira par se sortir de l'impasse grâce à sa ténacité et à sa gestion efficace des événements, là où de nombreux autres auraient abandonné. Une leçon de vie.

CLÉ N° 12

Pensée positive et chance

« Après un tube comme C'est la ouate, *on perd pied par rapport à la réalité. La chute n'en est que plus rude. La chance que j'ai eue et qui m'a sauvé la vie, c'est que je suis devenue metteuse en scène. Ça m'est tombé dessus par hasard, alors que ce n'était pas du tout un projet, pas même une envie, avec Michel Hermon, un artiste que j'adore. Je l'aidais à trouver son costume pour un spectacle sur lequel il venait de se faire planter par son metteur en scène. Il m'a invitée à venir voir une répétition, et là, j'ai tout de suite su quoi lui dire : où entrer, comment mettre sa main, son pied, son regard… Ça m'a remise en connexion avec ce que je ressentais, avec qui j'étais. »*

Caroline Loeb,
chanteuse, comédienne et metteuse en scène

Pensez-vous avoir de la chance ou, au contraire, êtes-vous persuadé d'attirer constamment la poisse ?

Eh bien, quoi que vous croyiez, vous avez raison ! Car **la chance est surtout un état d'esprit**. En effet, comme on l'a vu avec la loi de l'attraction, c'est par vos pensées que vous influencez ce qui vous arrive.

La chance correspond donc à un état d'esprit ouvert, positif et confiant. Consciemment ou non, votre esprit sera maintenu en alerte pour détecter tout élément qui vous inspirera pour trouver une idée, une opportunité, une solution.

En revanche, si vous êtes persuadé que vous avez la poisse, que la vie est difficile ou que vous n'y arriverez pas, votre esprit détectera la moindre difficulté qui pourra lui donner raison.

C'est un peu comme quand vous cherchez vos lunettes qui sont juste sur le haut de votre tête. Vous êtes tellement persuadé que vous les avez perdues qu'effectivement, vous ne les retrouvez pas !

Une configuration psychologique positive est donc essentielle pour toute personne qui souhaite avoir de la chance.

De même, quand un imprévu non souhaité arrive, une personne positive tire le meilleur de la situation. Elle reste calme et n'en fait pas un psychodrame. Elle assume sa responsabilité dans les événements. Elle se dit qu'il y a quelque chose à en tirer ou que c'est l'occasion d'apprendre et d'évoluer. Et surtout, elle cherche des **solutions** pour faire avancer la situation qui, de fil en aiguille, s'améliore – et qui pourrait même parfois lui apporter des opportunités insoupçonnées, voire bien plus favorables que ce qui était prévu à la base.

Au contraire, une personne négative se dit tout simplement qu'elle n'a pas de chance, que c'est injuste, que c'est de la faute de ceci ou cela. Elle s'oppose à la situation et reste bloquée à l'intérieur, en cultivant sa souffrance. Cette attitude ne fait bien sûr qu'empirer le tout.

Assumer sa responsabilité est donc également un élément incontournable de la chance. Soyez quelqu'un qui fait ce qu'il dit, quelqu'un de fiable qui assume ses engagements. Si vous commettez une erreur, sachez la reconnaître et faites ce qu'il faut pour la réparer. **Ne remettez pas la faute sur les autres.** Au contraire, cherchez à comprendre en quoi vous avez influencé négativement les événements, et, surtout, comment vous pouvez faire la prochaine fois pour qu'ils prennent une tournure plus favorable.

Si vous n'assumez pas vos responsabilités, vous n'êtes pas une personne fiable. Vous envoyez dans l'univers une énergie dissonante qui vous revient en retour, d'une manière ou d'une autre. De plus, sans savoir toujours l'expliquer avec des mots, les gens sentent que vous n'êtes pas fiable et, par conséquent, ils se méfient de vous. Ceci vous fermera beaucoup de portes puisque, pour développer votre chance, il faut aussi que les autres aient envie de vous aider, de vous accompagner… Et ça, ça n'arrivera vraiment que si une énergie sincère et positive émane de vous.

J'aimerais que vous intégriez réellement ceci : **la chance, c'est vraiment une question d'état d'esprit.**

Je vous donne un exemple très parlant : une personne perd son emploi. Avec un état d'esprit positif, elle se dira peut-être qu'elle avait fait le tour de son poste et qu'elle allait de toute façon devoir en changer bientôt, que c'est l'occasion de trouver un travail plus intéressant ailleurs et que c'est finalement une opportunité, ou encore que c'est enfin l'occasion de faire autre chose, voire de changer de vie et d'aller vivre là où elle en a toujours rêvé…

En revanche, quelqu'un de négatif trouvera toutes les raisons de se plaindre. Il remettra la faute sur les autres et se plaindra en disant qu'il n'y a pas de solutions pour lui (« Je suis trop vieux, le marché est bouché, je n'ai pas de chance, cela n'ira jamais… »). Et à cause de son état d'esprit, plus que du reste d'ailleurs, il aura probablement tout le mal du monde à retrouver une activité satisfaisante.

Encore une fois, on voit que **ce qui nous arrive dépend de notre attitude face aux événements**.

Votre chance dépend de votre attitude d'ouverture

Les chanceux ont une réelle capacité à installer un contexte relationnel positif autour d'eux. Ils sont ouverts, souriants, détendus. Cette attitude les rend attirants et donne aux autres l'envie d'aller vers eux et même de les aider.

Ils créent sans cesse des opportunités de rencontrer et de se connecter avec de nouvelles personnes.

Ils apprécient réellement les moments de relation et sont ouverts aux opportunités. Ils savent donc bien sûr les créer, mais sans les forcer et en pensant toujours aussi à l'intérêt de leurs interlocuteurs.

Ce n'est pas tout. Les chanceux s'intéressent sincèrement aux autres. C'est très important pour eux. Ils leur accordent du temps et entretiennent les relations sur la durée. Et ils n'hésitent pas à les aider, s'ils le peuvent.

Ainsi, autour d'eux se crée un réseau qui lui-même inclut son propre réseau, ce qui fait que, plus ils ont de connaissances, plus ils ont potentiellement accès à une quantité élevée de personnes, dont certaines pourront leur ouvrir des portes. Et ça, ça fait clairement partie de la chance !

L'ouverture aux autres est donc une chance, car elle enrichit profondément votre quotidien. Et ça va bien plus loin...

L'ouverture aux autres peut même changer votre vie

Elle a changé la mienne, je vous explique…

Quand j'étais ado, j'étais hyper timide, c'était dingue ! Un jour, j'accompagne une amie, dont le père est réalisateur, sur un tournage. Je suis très impressionnée. À la fin des prises, tout le monde se retrouve pour dîner. Et me voilà à table, entourée de personnes que je ne connais pas, n'osant évidemment dire le moindre mot, toute timide que je suis ! Je suis très gênée et je mange la tête baissée, les yeux dans les yeux avec mes petits pois !

Tout à coup, j'entends une voix venant de la droite, une douce voix de femme : « Tu ne parles pas ? »

Mes muscles se tendent… Oh là là, quelqu'un me parle ! Je fais un effort surhumain pour relever la tête et la regarder… et je réponds d'un souffle fluet et tremblotant : « Je suis timide. »

Et là, avec toute sa douceur et son intelligence, la femme me dit : « Tu sais, si tu es timide, je vais te donner un truc qui va beaucoup t'aider : la plupart des gens adorent parler d'eux, ils adorent ! Alors toi, si tu ne sais pas quoi leur dire, tu n'as qu'à leur poser des questions. Tu verras, ils seront contents et ils apprécieront que tu les écoutes. »

Les mots de cette dame résonnent encore en moi… Je ne sais pas qui elle est, où elle est, je ne l'ai plus jamais revue. Elle est comme une bonne fée qui est passée un bref instant avec la mission de me dire quelque chose d'important ! J'aimerais vraiment pouvoir la remercier, parce qu'elle a tout simplement changé ma vie !

Dès le lendemain, j'ai commencé à poser des questions aux gens, et je me suis vite rendu compte que ça marchait incroyablement bien. C'était simple : je posais des questions, ils me parlaient, ça leur faisait plaisir et donc je me sentais mieux avec eux.

Et puis, j'ai eu une autre révélation : ce que me disaient les gens me passionnait profondément. Qui ils sont, quels sont leurs envies, leurs préoccupations, leurs rêves… À les écouter vraiment, en plus de me faire des amis et de nombreuses relations, j'ai commencé à comprendre leur fonctionnement. Et petit à petit, je les ai accompagnés, conseillés. Jusqu'à ce que je réalise que je leur faisais vraiment du bien, ce qui m'a amenée à me diriger vers des études de coaching et à devenir coach… Et à partager avec vous aujourd'hui dans ce livre ce que j'ai appris de mes nombreuses réflexions et expériences.

Vous vous rendez compte ? Une conversation de moins de deux minutes a changé ma vie entière, personnelle et professionnelle ! Voilà où mène l'ouverture… c'est incroyable, n'est-ce pas ?

Alors, suivez les conseils de « ma bonne fée », vous aussi : si vous ne savez pas quoi dire aux gens que vous rencontrez, posez-leur des questions, intéressez-vous vraiment à eux, et tout le reste se fera naturellement, croyez-moi. Et en plus, c'est passionnant !

Vous savez maintenant comment développer sincèrement de belles relations avec les autres et ainsi vous ouvrir à la chance. À présent, soyez prêt à l'accueillir.

Sachez accueillir la chance

Tout d'abord, un esprit ouvert vous permettra d'identifier la chance quand vous la croiserez sur votre chemin – alors que des personnes fermées et accrochées à leurs certitudes passeront, elles, à côté d'une masse d'occasions qu'elles ne verront pas.

De même, les personnes chanceuses cultivent un certain **esprit aventureux**. Elles n'hésitent pas à sortir de leurs habitudes, à tenter de nouvelles voies et de nouvelles façons de faire, ouvrant à chaque instant des fenêtres vers les opportunités.

Vous aussi, essayez de faire différemment ce que vous faites habituellement de façon mécanique : prenez un autre chemin pour aller travailler, tentez des aliments que vous n'avez jamais goûtés, essayez un nouveau sport, changez vos routines au travail… Nous en avons parlé dans le chapitre consacré à la créativité, vous vous rappelez ?

Continuez dans cette voie… ou tentez-la enfin, si vous ne vous y étiez pas mis… Si vous voulez que les choses changent pour vous, il faut **agir**, sinon rien de nouveau ne se produira dans votre vie et ce sera de votre responsabilité !

La chance, ça s'accompagne et ça s'anticipe

C'est à vous d'organiser votre chance !

Si vous voulez toujours avoir votre bus, consultez les applications disponibles et planifiez votre départ. Si vous voulez réussir vos rendez-vous, préparez-les et arrangez-vous pour être en forme et à l'heure… Si vous voulez éviter de perdre vos affaires, rangez-les dans des endroits précis, fermez vos poches et vos pochettes pour qu'elles ne tombent pas pendant vos déplacements. Pour éviter de vivre des galères et de recevoir des factures folles de serrurier si vous perdez les clés de chez vous, faites-en un double et donnez-le à une personne de confiance qui vit dans les environs.

Réfléchissez, préparez, anticipez : la chance demande de s'organiser, mais aussi de vivre dans la pleine conscience du moment présent et de nos sensations.

Car c'est aussi ce qui fait la différence : les chanceux sont bien plus que les autres à l'écoute de leurs **corps**, de leurs émotions et de leur **petite voix intérieure** qui leur signalent ce qui est bon pour eux. Faites de même ! Vous verrez qu'avec de l'entraînement, vous affinerez vos perceptions et, au fur et à mesure, vous y arriverez de plus en plus tôt, ce qui vous sera très précieux.

Continuez, persévérez, creusez… et croyez-y !

C'est la clé la plus importante à mon avis !

Les chanceux sont absolument convaincus que, quoi qu'il arrive, l'issue des événements sera positive. Ils restent donc concentrés sur leurs objectifs et ne se laissent pas démotiver par les déconvenues. Ils trouvent toujours une manière de voir favorablement ce qui leur arrive et ils inventent des solutions pour changer ce qui ne leur convient pas. Ils rebondissent tout le temps. Ainsi, restant toujours motivés et sûrs de leur réussite, ils finissent par y arriver. C'est aussi simple que ça !

Vous ne me croyez pas ? C'est que vous êtes enfermé dans une croyance qui vous empêche de penser que c'est possible. Et je vous conseille vivement de la changer, car elle ne vous mènera à rien. Elle vous fera surtout perdre beaucoup de temps et d'occasions !

Si, vous aussi, vous voulez devenir quelqu'un de super chanceux, commencez par penser que vous l'êtes vraiment. Rappelez-vous les moments où la chance vous a souri. Ça vous est au moins arrivé une fois dans votre vie, réfléchissez-y dans l'ouverture.

Ensuite, mettez-vous dans l'état d'esprit que c'est possible, puisque vous l'avez déjà vécu. Ayez toujours une attitude positive face à ce qui vous arrive. Acceptez les changements, même s'ils sont l'inverse de ce que vous aviez prévu. Traitez chaque contretemps comme un fait, et cherchez-y toutes les opportunités.

Et puis osez ! Vous connaissez l'adage : « La chance sourit aux audacieux. » Tentez des choses qui peuvent paraître gonflées, comme contacter quelqu'un d'important, oser demander un prix certes juste mais élevé, faire une offre qui paraît un peu inconsidérée…

Ne dites pas non à la place de l'autre, laissez-le décider ! C'est comme cela que des gens arrivent à faire des affaires incroyables : ils ont tenté, et ça a marché. Si vous ne tentez pas, il n'y a aucune chance que ça marche. Alors, vous savez ce qu'il vous reste à faire…

Et si cela ne fonctionne pas, ce n'est pas grave ! Au moins vous saurez. Réfléchissez alors à une autre façon de vous y prendre pour que ça marche… Regardez aussi comment font ceux qui réussissent. Si vous affinez vos techniques et si vous savez vous remettre en cause, un jour, ça marchera !

Voilà, vous avez à présent toutes les clés pour devenir une personne super chanceuse !

Écoutez vos meilleurs conseillers : votre corps et vos émotions. Si vous vous y connectez vraiment, ils vous guideront vers ce qui est juste pour vous et participeront grandement à votre chance !

Ouvrez-vous aux autres et créez un véritable réseau relationnel d'entraide où, vous aussi, vous apportez votre part et votre soutien.

Enfin, **remettez-vous en question**, tentez, inventez, osez… et croyez-y fermement !

« Tout est possible dans la vie, et surtout le meilleur », c'est ma devise ! Adoptez-la vous aussi, elle est magique !

« La chance ne sourit qu'aux esprits bien préparés. »
Louis Pasteur

EXERCICE

Pensée positive et chance

Questions de vie

Mettez en pratique les conseils de « ma bonne fée » : cette semaine, chaque fois que vous rencontrez quelqu'un, intéressez-vous à lui. Posez-lui des questions sur ce qu'il fait, ce qu'il aime, ses projets, le sujet qui l'accapare actuellement… Creusez vraiment.

N'essayez pas de parler de vous à tout prix. Répondez

aux questions s'il vous en pose, mais revenez dès que possible à l'autre.

Un truc de journaliste dit que « dans chaque réponse se trouve la question suivante ». Si vous écoutez vraiment, avec une curiosité sincère et bienveillante, vous saurez quelles questions poser.

✦ Après expérimentation : quelles découvertes avez-vous faites par cette pratique et qu'est-ce que ça vous a apporté en termes de qualité relationnelle ?

....

....

....

....

Mise en action

Contactez quelqu'un d'important, de haut placé ou qui vous impressionne : une personne dont vous aimeriez recevoir des conseils ou encore un chef d'entreprise à qui vous rêveriez de proposer vos services, par exemple.

Réfléchissez à la meilleure approche : un e-mail ou un appel ? De la part de qui pourriez-vous le contacter ? Quels arguments, quelles idées mettre en avant pour l'intéresser ?

La demande de conseil est sans doute la plus facile à utiliser car elle valorise l'autre. En revanche, si vous obtenez le rendez-vous, soyez pertinent et demandez réellement des conseils ! Ne cherchez pas à obtenir quelque chose à tout prix, la personne se sentirait piégée. Ne demandez rien de plus, outre les conseils, que d'éventuels autres contacts que vous pourriez appeler de la part de la personne et qui pourraient être intéressés par vos services ou vous conseiller à leur tour.

Osez ce que vous n'avez jamais osé !

Si cela ne marche pas, étudiez votre mode opératoire et réfléchissez à comment mieux faire. Ensuite, retentez, jusqu'à ce que cela fonctionne ! N'essayez évidemment pas toujours sur le même interlocuteur, si vous voulez garder une possibilité d'entrer en contact avec lui un jour !

✦ Qui souhaitez-vous contacter et pourquoi ?

....

....

✦ Comment allez-vous vous y prendre ?

....

....

✦ Suite à cette prise de contact, décrivez vos impressions :

....

....

✦ Si vous n'avez pas obtenu le rendez-vous, réfléchissez à comment faire différemment la prochaine fois :

....

....

✦ Suite à cette nouvelle tentative de prise de contact, qu'est-ce qui a mieux marché ? Faut-il retenter et, si oui, comment faire mieux ?

....

....

✦ Quel bilan tirez-vous de cette expérience ?

....

....

....

....

Un *feel good movie* inspirant

Hôtel Woodstock, de Ang Lee : l'histoire d'un jeune homme qui va, en suivant son instinct et grâce à une idée qui finit par le dépasser, changer le cours de sa vie et de celle de tout son entourage.

CONCLUSION

Au cœur de l'essentiel : le pouvoir de l'amour

« L'épreuve du covid-19 nous a tous mis sur un pied d'égalité, nantis, pas nantis, avec une proximité dans notre fragilité. Il est aujourd'hui important de se regrouper autour de ces valeurs fondamentales que sont la solidarité, l'amour du prochain, l'entraide et l'idée du respect qu'on doit avoir vis-à-vis de chacun. »

Daniel Lévi, chanteur

Nous arrivons à la dernière étape de notre voyage ensemble.

Avant de vous dire au revoir et de laisser s'envoler le merveilleux artiste de votre vie que vous êtes, je voulais vous parler de ce qui, selon moi et heureusement selon une grande majorité de personnes – même si elles n'en ont pas forcément toujours conscience –, est le plus essentiel dans la vie. C'est également le plus grand secret de l'alignement et du bonheur pour chacun d'entre nous : **l'amour.**

L'amour des autres, bien sûr, mais, pour commencer, l'amour que vous vous portez à vous-même. Il ne s'agit évidemment pas de narcissisme exacerbé et égocentrique. Non, pas du tout. Je parle de l'amour dans le sens de **respect** et d'**acceptation** de qui vous êtes. Dans la gratitude d'être en vie, dans ce corps et avec cet esprit qui sont les vôtres et qui vous permettent de mener votre vie comme vous le souhaitez. C'est de cet amour, aussi simple qu'essentiel, que je vous parle.

Pour y accéder, vous devez faire un choix. Le choix réel et sincère d'**ouvrir votre cœur**. Avec lui s'ouvriront les portes de la joie et de la sérénité, mais aussi celles qui vous mèneront à vous-même et qui vous donneront accès aux autres.

Car si vous n'êtes pas capable de vous aimer vous-même, vous ne pourrez pas aimer correctement les autres, ni avoir des relations saines et équilibrées avec eux. Ce n'est tout simplement pas possible. **Cela part donc de soi.** Apprenez à vous aimer, avec vos qualités, vos défauts, vos forces et vos faiblesses.

Personne n'est parfait, alors pourquoi le seriez-vous ? Aucune raison, aucune obligation ! Il est donc absolument inutile de se culpabiliser. Acceptez votre imperfection, elle est tout simplement naturelle.

De toute façon, à quoi cela vous servirait-il d'atteindre la perfection ? Vous cherchez quoi, une médaille ? Et puis quoi, ensuite ?

Non ! Pour s'aimer vraiment, ce qui est important, c'est d'être une personne respectable à ses propres yeux. Et donc de faire en sorte d'avoir des comportements sains, justes et fiables. Car sans respect de soi, pas d'amour de soi.

Ne vous méprenez pas, ceci ne veut pas dire que l'on ne puisse pas chercher à évoluer, grandir, dépasser ses limites. Ces démarches sont essentielles aussi, car elles constituent les clés d'une vie riche et épanouissante.

Cet amour de soi dont je vous parle, c'est-à-dire cet état qui vous porte sur la voie de l'apaisement, de la sérénité et même de la sagesse, c'est ce que j'appelle la **« source d'amour essentielle »**.

C'est d'elle que jaillit cette énergie tellement puissante qui, une fois libérée, change votre vie. Une fois que vous êtes connecté à elle, elle vous nourrit pleinement et peut vous apporter l'équilibre, l'apaisement, la confiance et la sérénité dont vous avez besoin.

De plus, il est scientifiquement prouvé que cette sensation d'amour, ressentie profondément, rééquilibre le corps, améliore la circulation sanguine et renforce le système immunitaire. Eh oui, l'amour est excellent pour la santé, n'est-ce pas une merveilleuse nouvelle ?

Mais où se trouve-t-elle, cette fameuse source d'amour essentielle ? Inutile de la chercher de l'autre côté du monde ou chez quelqu'un d'autre. C'est tout simplement **au plus profond de votre cœur** qu'elle se cache. Et ce qui est extraordinaire, c'est qu'elle ne demande qu'à se déployer.

Comment faire ? En vous y connectant, en la nourrissant et en l'entretenant… par l'amour justement.

Cette source peut vous nourrir d'amour dans ses trois dimensions principales : l'amour de vous-même, l'amour des autres, et l'amour absolu. Je vous explique.

L'amour de vous-même

Je vous en parlais précédemment : il vous permet de vous respecter, de vous accepter, d'être doux avec vous. Mais aussi de vous pardonner, de répondre à vos propres besoins, vos envies et vos rêves pour que votre vie soit belle, riche, joyeuse et sereine. Il vous apprend à savoir être seul avec vous-même, en toute sérénité, et à chercher les solutions en vous grâce à votre confiance en vos propres ressources.

L'amour des autres

Il ne s'agit pas de ce qu'ils peuvent nous apporter – ce qui est de l'intérêt et du calcul, plus que de l'amour ! Non, il s'agit d'aimer les autres pour ce qu'ils sont, comme nous : des êtres en devenir, qui aspirent au bonheur et à la sérénité. C'est un frère, une amie, un amoureux. C'est un passant, un inconnu qui, comme nous, a des espoirs et des rêves… Comme nous, il n'aspire qu'à l'amour, même si parfois il s'en est détourné par souffrance, incompréhension ou erreur d'interprétation.

Je m'arrête un instant sur la relation amoureuse. Grand sujet ! Pour aimer vraiment l'autre, là encore, il faut vous aimer vous-même. Sinon, vous lui demandez de vous servir de béquille, de remplir le vide qui est en vous, de vous rassurer. Or, ce n'est pas son rôle ! C'est votre rôle à vous-même que de trouver en vous votre propre équilibre et votre harmonie. Vous arrivez entier dans la relation. Vous êtes là pour vous apporter mutuellement des choses, certes, mais si l'autre doit se retirer du jeu, vous ne perdez pas votre identité.

Ainsi, quand des gens me disent : « Je cherche ma moitié », je m'amuse à leur répondre : « Pourquoi, tu n'es qu'un demi ? » Cette expression est très révélatrice, et je vous invite à y réfléchir s'il vous arrive de l'utiliser.

J'aime prendre l'image suivante qui est très claire : votre vie est comme un magnifique gâteau fait des meilleurs ingrédients, un gâteau exceptionnel. L'autre personne est comme **la cerise sur votre gâteau**. Elle le rend encore plus joli et lui apporte un petit goût supplémentaire très agréable, mais s'il n'y a plus de cerise, le gâteau reste merveilleux et complet ! Pas d'effondrement, pas de perte d'identité. Vous voyez l'image ?

S'aimer soi pour aimer les autres de façon juste

Ainsi, vous l'avez compris, le premier travail pour aimer vraiment les autres est de vous aimer vous-même, pour ne pas chercher en eux la compensation d'un manque. Ce n'est que quand vous vous aimez pour de vrai que vous êtes réellement prêt à aimer les autres sincèrement.

Petite précision également : **aimer l'autre signifie l'accepter tel qu'il est**, sans vouloir le transformer. Car si l'on veut changer l'autre, c'est que c'est une personne imaginaire que l'on aime, la projection que l'on en fait ! Et donc pas lui, tel qu'il est vraiment.

L'amour, c'est aussi aider l'autre à se sentir bien, à prendre sa place dans le monde, sans, bien sûr, vous retirer la vôtre. C'est donc un acte d'une grande générosité que de soutenir l'autre quand il cherche à répondre à ses propres besoins.

Il a besoin d'être reconnu, d'être valorisé ? Eh bien, valorisez-le ! Est-ce que cela vous demande tant d'efforts que cela ? Est-ce que cela vous retire quelque chose ? Je ne pense pas. Alors, dites-lui ce qu'il y a de bien en lui, ce qu'il fait bien, félicitez-le… Cela lui fera tellement de bien qu'il vous en sera énormément reconnaissant.

Soyez évidemment toujours sincère, c'est essentiel dans toute démarche de développement personnel – ceci pour toujours rester une personne intègre, qui se respecte et qui est respectée par les autres.

Bien sûr, l'amour et le respect de soi impliquent aussi de savoir dire non. Dire non n'est ni un rejet ni un signe de non-amour. C'est juste l'expression de vos limites, nous en avons parlé précédemment. Cela ne veut pas dire qu'il faut être égoïste et imposer sa vision sans penser aux autres, mais trouver le chemin juste entre vous et les autres, où chacun est respecté en tant que personne.

Pourtant, il est vrai que notre société a du mal avec le « non ». Tant à le dire qu'à l'entendre. Or, tout est une question de manière, et quand les choses sont dites avec douceur et en expliquant pourquoi cela ne vous convient pas et que votre « non » n'est pas contre l'autre mais plutôt l'expression légitime de vos limites, ça passe. À chacun de trouver sa manière : douce, détaillée, humoristique et, quoi qu'il en soit, sincère…

Cela signifie aussi que **se sacrifier par amour ne revient pas à de l'amour**. Ni de soi ni de l'autre. On cherche alors à ce que l'autre nous aime, tentative de compensation de nos manques qu'il ne pourra de toute façon pas combler car ce n'est pas son rôle. Sans compter que certains reprochent ensuite à l'autre leur propre sacrifice, ce qui revient à du chantage émotionnel… Bref, c'est une mauvaise voie qui ne rend personne heureux et ne règle rien. Je vous conseille très fortement de l'éviter.

Aimer l'autre, c'est donc vouloir son bien et le laisser faire ce qu'il souhaite faire (dans la limite du respect de vous-même bien sûr). Cela veut dire l'accompagner dans son développement et, s'il désire partir, le laisser partir, si c'est comme cela qu'il voit son bonheur.

Cela vous paraît sans doute extrême, mais réfléchissez bien : le laisser partir est certes un acte d'amour envers lui, mais aussi un acte de respect et d'amour envers vous-même. Ce n'est donc pas un sacrifice. En effet, vouloir à tout prix garder quelqu'un et être aimé par lui alors qu'il ne vous aime pas ou plus, ce n'est pas respectueux envers vous-même ! Ne vous bradez pas ! Vous méritez quelqu'un qui vous aime vraiment, sans faux-semblants. N'oubliez jamais cela et restez-en toujours convaincu !

Revenons aux dimensions principales de l'amour. Nous avons évoqué l'amour de vous-même et l'amour de l'autre. Il reste sa troisième dimension, et non la moindre.

L'amour absolu, l'amour de tout ce qui est dans ce monde

L'amour de la vie, l'amour de la chance que nous avons d'être sur cette planète, dans ce pays, dans ce corps qui nous a été offert, entourés de personnes que nous aimons et qui nous aiment… Cet amour s'exprime lui aussi dans le respect de soi, des autres, de toute forme vivante, tout comme de la nature et de notre planète.

Nous faisons partie d'un tout. Et comme tout est lié, ne pas en respecter un élément, que ce soit vous, les autres ou la planète, c'est faire du mal au système tout entier. À l'inverse, y contribuer positivement, c'est renforcer son unicité, ce qui le fait grandir encore plus.

Ainsi, connectez-vous à votre source d'amour essentielle intérieure et déployez-la à son plus haut niveau. Vous vivrez une vie heureuse, sereine, enrichissante et bénéfique pour vous comme pour le monde qui vous entoure.

Saisissez d'ailleurs chaque occasion de donner de l'amour aux autres, par votre écoute, vos attentions, votre générosité. Nous créons le monde dans lequel nous vivons. Autant créer un monde fait de douceur, de belles énergies et de solidarité !

Comment développer votre source d'amour essentielle ?

Nous avons tous, au moins une fois dans notre vie, éprouvé de profonds sentiments d'amour. À ce moment, vous avez été capable de déployer une grande force d'amour et de la projeter sur l'adulte, l'enfant ou même l'animal qui en était l'objet. Vous vous souvenez d'un tel moment dans votre vie ? Oui, bien sûr ! Eh bien, la bonne nouvelle, c'est que vous avez donc, en vous, tout ce qu'il faut pour démarrer.

Revenez à cette sensation d'amour intense à laquelle vous pensiez. Prenez le temps dont vous avez besoin pour la ressentir profondément. Projetez-vous dans ce moment d'émotion totale et diffusez-la dans tout votre corps, dans chaque membre, chaque organe, chaque cellule.

Transformez-la en une sensation générale : **j'aime**. J'aime tout et je prends tout ce qui m'arrive comme il vient.

Ces océans d'amour que vous avez en vous ne demandent qu'à se déployer, car ils font énormément de bien. À vous, comme aux autres. Ressentez-les, cultivez-les, déployez-les jusqu'à ce que vous sentiez votre corps complètement imprégné par eux. Essayez de vivre le plus possible en connexion avec cet état. Vous vous ferez un bien fou.

Cela vous aidera également à prendre du recul sur les petits événements anodins de la vie qui, auparavant, vous agaçaient et que vous verrez dorénavant d'un autre œil. Car peu de choses valent en réalité la peine que l'on se mette dans des états négatifs.

Cependant, vous êtes tellement habitué à réagir au quart de tour, à voir plus le négatif que le positif ou à vous laisser dépasser par la peur ou le doute, que ces sentiments d'amour sont vite balayés… Ils laissent alors place à une forme de malaise qui ne vous fait aucun bien.

Tout s'apprend

Il vous faudra peut-être un peu d'entraînement pour vous habituer à tout appréhender par l'amour et non par des sentiments négatifs ou destructeurs, mais ne vous inquiétez pas, en vous y appliquant consciencieusement, vous ferez de l'amour votre réponse naturelle.

D'ici là, chaque fois que vous vous écarterez d'un mode de fonctionnement basé sur l'amour et la bienveillance, replongez-vous dans ce souvenir d'amour intense que vous avez identifié pour réalimenter votre source d'amour essentielle.

Ressentez-la vibrer en vous, dans votre cœur et dans chaque cellule de votre corps jusqu'à ce qu'elle vous fasse profondément du bien. Puis, déployez-la à nouveau, pour vous-même comme pour les autres.

Il faut savoir que, dans le monde, deux émotions prévalent, d'où sont issues toutes les autres : l'amour et la peur. Ces deux émotions ne peuvent coexister, vous ne pouvez pas les ressentir au même moment. Donc, en déployant l'amour, vous ne laissez pas de place à la peur – ni à ses dérivés comme la haine, le rejet, la jalousie, la colère… N'est-ce pas une merveilleuse nouvelle et une heureuse voie pour votre bien-être ?

Connectez-vous à l'amour, c'est ce qui vous rendra le plus heureux. Vous rayonnerez sur votre entourage qui s'en trouvera d'autant mieux et vous le rendra amplement !

De plus, vous découvrirez que vivre dans l'amour et l'harmonie avec soi-même développe l'intuition. Connecté à vous-même, vous savez naturellement ce qui est bon pour vous. Alors, vous arrêterez de décider par le mental qui est chargé de calculs, d'injonctions parentales, sociales et culturelles… Ces injonctions vous font en réalité faire des choix en fonction des autres et non en fonction de ce qui est essentiel pour vous – ce qui n'est clairement pas la voie de votre épanouissement !

Quoi qu'il arrive, restez connecté à l'amour

Sur votre chemin, il vous arrivera de croiser des personnes remplies d'énergie négative.

Il faut savoir que nous vivons tous notre vie avec le même objectif : être le plus heureux possible (ou souffrir le moins possible), et nous sentir bien le plus souvent possible et idéalement en permanence.

C'est votre cas, et c'est donc le cas de toute personne que vous croisez, même si son état vous indique le contraire.

Quand quelqu'un exprime de la colère, de la haine, ou juste de l'agacement, il n'est pas dans un bon état pour lui-même. Il réagit à une situation qui ne lui convient pas (peut-être même sa vie actuelle) et pour laquelle il n'a pas trouvé la réponse adéquate. Ne s'étant pas connecté à l'amour, qui lui permettrait de vivre la situation avec apaisement et d'avancer vers un chemin lui convenant mieux, il est coincé dans une forme de souffrance.

Quand vous croisez une personne dans ce genre d'état, n'absorbez pas son mal-être. Il n'agit généralement pas contre vous mais contre une situation, même si vous y êtes associé. Ce n'est pas vous que la personne rejette. Elle exprime juste sa souffrance. Ainsi, n'acceptez pas d'entrer dans un quelconque jeu d'agression. Ne portez pas ce poids, il ne vous appartient pas. La personne, ne sachant pas comment se sortir de sa souffrance, cherche parfois quelqu'un avec qui la partager, un partenaire de douleur, en pensant que ça l'apaisera. Mais **vous n'avez pas à souffrir pour elle**. De toute façon, cela n'arrangerait pas son problème.

À ce moment, déployez plutôt **une bulle d'amour autour de vous**. Mettez-vous à la place de cette personne qui est dans sa souffrance et qui ne détient pas les clés pour en sortir. Votre énergie d'amour sera pour vous la meilleure immunité contre l'énergie négative et pourrait même apaiser la personne.

Bien sûr, si vous avez la possibilité de vous en éloigner, n'hésitez pas.

Enfin, rappelez-vous aussi que ce qui vous dérange chez les autres est très souvent quelque chose que vous avez à travailler vous-même. Si ce n'était pas le cas, hors abus de leur part, leur comportement vous laisserait indifférent.

Les autres sont donc aussi là pour vous montrer ce sur quoi vous devez encore évoluer. Leur en vouloir et reporter la faute sur eux ne servirait absolument à rien. En revanche, vous pouvez saisir l'occasion pour réfléchir à quoi vous renvoie leur comportement (par exemple : un manque de respect vécu quand vous étiez enfant, la sensation de ne pas être aimé, une peur quelconque ou encore un échec…).

Ce que vous voyez du monde est votre interprétation. Elle dépend de votre état de conscience et de votre état d'esprit. Si vous êtes méfiant, guidé par la peur, vous ne verrez que ce qui ne va pas.

En revanche, si vous êtes guidé par l'amour, vous verrez tout le positif autour de vous. Vous ne prendrez pas les agressions injustifiées contre vous, sachant que vous n'avez rien à voir avec elles. Vous saurez appréhender celles que vous avez provoquées, conscient qu'une réaction démesurée a une autre origine que la situation en cause. Dans votre quotidien, vous serez connecté au « beau ». Vous vous émerveillerez d'un joli chant d'oiseau, d'une délicieuse odeur en passant devant un arbuste au printemps, d'un agréable échange de sourires avec un passant, de la douce image de deux amoureux qui s'embrassent dans la rue… De plus, vous détecterez les opportunités et vous saurez les saisir au bon moment.

Choisissez bien le filtre par lequel vous voulez voir le monde. Cela aura des conséquences gigantesques sur votre état d'esprit, sur votre vie et sur celle de votre entourage.

L'amour est l'état naturel des gens qui se sentent bien et qui vivent profondément en harmonie avec eux-mêmes. **L'amour engendre l'amour.** Alors, tant qu'à faire… si vous tentiez l'amour ?

C'est sur cette proposition toute simple, et pourtant si essentielle, que je vous quitte. Vous êtes à présent prêt à devenir le merveilleux « artiste de votre vie » ! Je vous souhaite de formidables aventures sur le chemin de vos objectifs et de vos rêves ! Célébrez la vie, soyez doux avec vous-même, profitez, rêvez, tentez, osez, jouez et surtout… aimez !

Je vous embrasse de tout mon cœur.

Isabelle

« L'amour est notre nature essentielle, et plus nous en ressentons en notre cœur, plus nous en recevons. »
Deepak Chopra

EXERCICE

Le pouvoir de l'amour

Questions de vie

✦ Rappelez-vous le plus profond et intense sentiment d'amour que vous avez éprouvé dans votre vie. Décrivez la situation et toutes les merveilleuses émotions que vous avez ressenties.

....

....

....

....

Fermez les yeux et concentrez-vous sur l'état que vous venez de décrire. Ressentez profondément dans votre cœur et dans chaque cellule de votre corps tout cet amour se déployer en vous. Prenez tout le temps dont vous avez besoin pour ressentir cette émotion le plus intensément possible.

Au plus fort de l'émotion, vous touchez là votre « source d'amour essentielle ». Dès lors, imprimez-la en vous en l'associant à une image précise. Ainsi, dès que vous en sentirez le besoin (moment de tension, de contrariété, de non-recul sur les événements), vous pourrez vous y reconnecter instantanément en rappelant cette image et l'émotion profondément positive qui l'accompagne.

✦ Décrivez ici l'image choisie :

....

....

....

....

Mise en action

Dans la semaine qui vient, dites aux êtres qui vous entourent combien vous les aimez, combien ils sont importants pour vous... Complimentez-les sur ce qu'ils font, et surtout sur qui ils sont. Donnez de l'amour sans rien attendre en retour, pour la beauté du geste et le bien qu'il fera à l'autre. Faites-le au minimum une fois par jour et à des personnes différentes.

✦ Faites ici un retour sur expérience après quelques jours. Était-ce difficile d'offrir ce cadeau aux autres ? Comment vous êtes-vous senti ensuite ? Qu'est-ce que cela a apporté au final à vous, à l'autre, à la relation ?

....

....

....

....

Conclusion

Faites le bilan des expériences que vous avez vécues à travers la lecture de ce livre et surtout les mises en action qui vous ont été proposées.

✦ Les apports théoriques vous ont-ils enrichi ? Si oui, quels sont ceux qui vous ont le plus inspiré ?

....

....

....

....

✦ Avez-vous mis en pratique les exercices ? Si oui, lesquels ont été les plus efficaces ou ont eu le plus d'impact sur vos résultats ?

....

....

....

....

✦ En quoi avez-vous réussi à avancer sur le chemin de votre idéal, en tant qu'artiste de votre vie ?

....

....

....

....

✦ Quels sont les signes concrets qui en témoignent ?

....

....

....

....

✦ Quelle est votre plus grande réussite dans cette aventure et de quoi êtes-vous le plus fier ?

....

....

....

....

✦ Qu'est-ce qui vous restera de cette expérience ?

....

....

....

....

Un *feel good movie* inspirant

Un monde meilleur, avec Kevin Spacey, Helen Hunt et Haley Joel Osment : un petit garçon développe sa façon à lui de faire le bien dans le monde et recrée du lien entre les personnes. Une merveilleuse histoire de connexion humaine.

« Soyez le changement que vous voulez voir dans le monde. »

Gandhi

Dépôt légal : janvier 2022
Imprimé en France par la SEPEC en décembre 2021 - 21682211025

Cet ouvrage est imprimé sur du papier offset 90 g,
papier issu de forêts gérées durablement.

IMPRIM'VERT®

PEFC™ 10-31-1470 / Certifié PEFC / Ce produit est issu de forêts gérées durablement et de sources contrôlées. / pefc-france.org